打ち合わせ、会議、面談、
勉強会、雑談でも使える43のフレーズ

一流ファシリテーターの

空気を変えるすごいひと言

中島崇学

ダイヤモンド社

目次

第2章

空気が冷たくて話が続かない応えてもらえない

会話のキャッチボールが生まれる言葉

第3章

信頼されてない雰囲気で空気が痛い

認めてもらえる言葉

第4章

空気がよどんで話が進まない時間が足りない

ピリッと集中力が上がる言葉

第5章

けんか腰の荒れた空気が怖い

お互いの動揺を静める言葉

第6章

空気を乱す困った人の対処法

みんながチームになれる言葉

はじめに

「人と話すこと」に苦手意識をもつ人はたくさんいます

・「一対一で話しているのに、心を開いてもらえない」
・「とにかく人と話すのが苦手！　全部メールにしたい」
・「上司とは当然、同僚ともわかりあえる気がしない」
・「オンラインミーティングが苦手」
・「勉強会や会議などの進行を任されると気が重い」
…
・「会議は時間のムダ」
・「打ち合わせは苦手」
・「面談は気まずい」……

- 「意味のない会議が多すぎる！」
- 「部署の打ち合わせは、上司ばかりが発言してしらける」
- 「オンラインミーティングが苦手」
- 「勉強会などの進行を任されると気が重い」

ビジネスパーソンにとって、「あるある」のお悩みだと思います。

そういう声は絶えず聞かれるものの、「人との話し合い」をゼロにはできません。仕事となればなおさらです。それでは、どうやって克服すればよいのでしょうか？

本書は、みなさんが抱えているこうした悩みを、スーッと消すためのものです。「スーッと消す」と言っても、メンタルトレーニングを行うのではありません。心構えではなく、具体的なキーフレーズ、「いま、言うべきひと言」について、シンプルで具体的なアドバイスをしていきます。

現実を変えたいとき。
他人を変えるよりも
自分を変えるよりも
まず言葉を変えてみましょう。
言葉なら、簡単に変えられます。
しかも、すぐに。
それで現実が変わればしめたものです。

あなたの発するひと言を変えるだけです。周囲を緊張させたり、気持ちを萎えさせたりするダメなひと言を、その場の空気をあたたかくするひと言、自然に話したくなるようなひと言に変えるのです。

これからアドバイスするノウハウの多くは、心理学や組織科学、コーチングなどに裏打ちされた知見に、私が長年、ファシリテーターとして積み重ねてきた経験を組み合わせて構築したものです。

○言葉ひとつで空気は良くも悪くもなります

少しだけ自己紹介をさせてください。

私は長年、ＮＥＣという、いわゆる大企業で働いてきました。在籍中にＮＰＯを立ち上げ、ファシリテーション塾を主宰しました。現在まで15年にわたってパワフルに活動するなかで、いつしか塾長の私には「とうりょう」のニックネームが定着し、本名で呼ばれるよりも自然に感じられるようになりました。

サラリーマン時代には「幹部向けのビジョン共有のミーティング」「3000人の対話」など、革新的な話し合いの場のファシリテーターを任され、それが評判になって他社からも招かれるなどして、ファシリテーターの経験を積み重ねました。人事部や広報部の仕事が〝本業〟でしたから、〝会社公認の副業〟の先駆けとしてファシリテーターをやっていたのです。

その後、社内研修を専門とする系列会社に出向してファシリテーターが本業になると、会議が変わり、話し合いが変わり、人が変わり、組織のコミュニケーションが変わっていくことに、すっかり魅せられてしまいました。

ビジネスの場が最高のコミュニケーションの場に変わる手応えをつかんだのです。

そして、その手応えをダイナミックに社会に活かすべく、独立して株式会社共創アカデミーを起業しました。人と組織をコミュニケーションで元気にすることをミッションとし、既存のファシリテーション塾やNPO活動に加えて、多くの仲間と共に展開しています。

振り返れば、延べ3万人以上の方々が、研修やセミナーを通じて私と共に学んできました。その中で、「これは役に立つ！」と実感したひと言とその考え方を、本書でシェアしたいと考えています。

たったひと言で空気が変わる――これは紛れもない私の実体験です。読者のみなさんにも同じ感動を味わっていただきたいと願っています。

私たちは日頃から常に何かに悩んでいます。そして、その悩みのほとんどが人間関係に起因しています（有名な心理学者のアドラーは「すべての悩み」と言っていますね）。

それでは、人間関係の悩みはどこから生じるのでしょうか。

「なんでそういう言い方するの？」
「あなたにそんなこと言われたくない！」

言葉をきっかけにして、人間関係は良くも悪くもなります。つまり、ひと言で空気が変わり、人間関係も変わるわけです。そのことで、感情やモチベーション、さらには行動と結果が変わります。

あたたかな空気をつくる。

言葉ひとつであたたかな空気がつくれるならば、控えめに言っても「最高！」ではないでしょうか。

同じ意味のことを言うのでも言い方を変えれば、その場が「シーン」としていても険悪なムードでも、その「空気」を変えられます。

雑談でも、仕事上のやりとりでも、会議でも、プライベートな交流が生まれればイイ感じのコミュニケーションの場所になるのです。

私たちの発する言葉には
どんな言葉でもインパクトがあります。
発した言葉から、未来が始まります。
昔の人は、そのことを「予祝《よしゅく》」と呼びました。
私たちは、言葉を選択していけます。
あなたの望む未来のために。

○ファシリテーターは良い空気をつくれる人

先述したように、本書で紹介するノウハウは、ファシリテーターとしての私の実体験から生まれたものです。本題に入る前に、その大前提について、少しだけ説明させてください。

それは、「ファシリテーターは進行係ではない」ということです。

ファシリテーターはさまざまに訳されますが、一般的には「会議をスムーズに進めるための中立的な進行役」です。だから多くのファシリテーターは、「やるべきこと」にフォーカスするのでしょう。

- 「段取りが肝心だ。はじめに部長が話し、次に課長から担当者につなぎ……」
- 「質疑応答では、語りたがりのあの人に時間を取らなきゃまずい」
- 「黙りがちな若者も意見を言えるように！」

●「お偉いさん以外は会議がイヤなんだから、時間厳守で早めに終えたい」

この「やるべきこと」リストを問題なく消化することがファシリテーションだと、あまりにも多くの人が思い込んでいます。

異論のある方はいるかもしれませんが、実際には、一流と言われるファシリテーターは、「やるべきこと」や「スムーズに進める」ということに、さほどポイントを置いていません。彼、彼女たちが心掛けているのは次のことです。

●誰でも自由に発言できる「安全であたたかい空気」をつくる
●お互いに尊重され、信頼されている「リスペクトの空気」をつくる
●みんなを操作するのではなく、「自発的に動ける空気」をつくる
●会議や話し合いが終わった後、「全員参加型のチームの空気」をつくる

つまり、ファシリテーターの役割は良い空気をつくることに尽きるのです。空気さ

え整えば、あとは参加者同士が自然と発言するようになります。発言すればコミュニケーションが生まれます。そこから「共通の結論」が導き出され、全員がその結論に納得し、さらにコミュニケーションが良くなる、という好循環が始まります。

もちろん、共通の結論とは異なる意見をもつ人は必ずいます。しかし、自分の意見をしっかり言えれば、「自分が尊重されている」と感じます。そのうえで導き出された結論ならば、「共通の結論」として納得し、受け入れてくれます。

- 「自分はいろんな話ができたし、ちゃんと聞いてもらえた」
- 「あの人の面白い意見を聞けた」
- 「なんだか楽しかった」
- 「自分も参加して、みんなでいいアイデアを作り出せた」

こんなやりとりの後に相手が抱くのは、達成感や充実感、爽快感です。

ファシリテーターの責任とは
「背負う」ことではありません。
「みんなを信じて頼る」ことです。

○良い空気が生み出す4つの好循環

――会話のキャッチボールが生まれる

「ちゃんと話せばいい」――簡単にそう言う人が多すぎます。

これは言うほど簡単なことではありません。話したことを素直に聞いてくれて、意図を受け取ってくれて、心から答えてくれる、こうした前向きな会話は、本当に貴重なものなのです。

ポジティブな会話のキャッチボールには、あたたかい空気が必要です。

「批判や命令、悪口」などのネガティブなやりとりからは、冷たく悪い空気しか出てきません。

――心理的安全性が生まれる

心理的安全性というのは、「ここは安心できる」「批判される心配がない」「ここが居場所」と思えることです。

心理的安全性の高いチームや組織は生産性が高い、というエビデンスがあります。そこではメンバーの会話の量が多いことも知られています。

――モチベーションが上がる

ちゃんと話を聞けて、疑問が生じたら聞き返せて、目的やゴールをしっかり理解できるので、モチベーションが上がり、心配なくチャレンジできるようになります。

――いい人だと思ってもらえる

そこにいる人たちがたくさんの会話のキャッチボールを楽しめるようになると、気持ちがポジティブになり、共感しあい、響きあい、信頼しあえるようになります。お互いを「いい人だ」と思えるようになります。

聴いてくれる人の言葉は、聴けます。
見ていてくれる人の言葉は、受け取れます。
わかってくれている人の言葉は、沁みます。

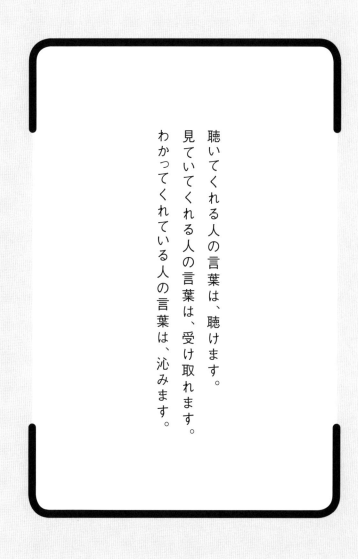

○あなたの前向きな心を活かせるひと言を

この本に、「言葉巧みな人」をつくろうとする意図はありません。大切なのは言葉よりも心です。だから、言うまでもありません。

生まれもって悪い人はいない。私はそう信じています。人はみな、本質的には、あたたかい心、前向きな心、仲良くしたい心、よかれと思う心を胸に抱いて生きているはずです。

しかし、人はせっかく素敵な心をもっていながら、それを十分に表現できないまま、あるいは逆に受け取られて、事態をこじらせているのです。

私もそうでした。多くのファシリテーター経験において、数えきれないほどの失敗と試行錯誤を重ねてきました。

そうした体験から「前向きな心を活かせるひと言」を考え出しました。
（だから本書には、言葉巧みに他人を操作するための言葉はありません。）

あなた自身の飾らない心――たとえば、前向きに話し合いたい心、どうせなら充実した議論にしたい心、同僚と良いチームをつくりたい心、周囲と気持ちよい時間を共有したい心……。

この本が、そんなあなたの心を活かせる本になりますように。

いささか長い前置きとなってしまいました。そろそろ本題に入りましょう。

中島　崇学《たかあき》

第1章

空気がカタくて、重くて、うまく話し出せない

会話のスタートで
空気をほぐす言葉

第1章では、カチカチに固まった雰囲気をほぐすものの言い方を紹介します。
初対面の人が集まったときの、気まずい空気。
会議の冒頭によくある、しらけた空気。
誰が最初に発言するか、
お互い様子をうかがっている微妙な空気。

こんなカタくて重い空気をほぐしていきましょう！

フレーズ
1

緊張を解きたい

そんな時のひと言

〇のひと言

引きしまった空気で、私もピリッとしています。

×のひと言

アウェーな雰囲気で、緊張しています。

この本を手に取ってくださったあなたは、おそらく「話すのが大好き！ 会議も得意！」なタイプではないでしょう。

苦手なのに、話さなければいけない、そういう人が多いと思います。

- 親しくない人との打ち合わせ
- 会議の進行役を任された
- オンラインミーティングを仕切る
- 取引先に説明に行く
- 面接を受ける
- 懇親会の司会……

どれも気が重いですね。

そんなときは、その場の雰囲気、空気を意識した「ひと言」を工夫しましょう。**空気を変える「ひと言」には、「相手向け」「全体向け」「自分向け」の3つ**があります。

●相手向けは、一人の相手に向けるひと言
●全体向けは、その場にいる複数の人に向けるひと言
●自分向けは、自分に向けるひと言

まず意識すべきは、自分に向けるひと言です。

ガチガチに緊張して「話すのムリ、頭イタイ……」と思っている人が、場を和ませる言葉をいくら連発したところで効果ゼロです。

飛行機に乗ると、離陸前に必ずＣＡから非常事態対応の説明があります。

「酸素マスクを装着してください」といったことですが、子ども連れの乗客に向けて必ずひと言付け加えられます。

「お子さんではなく、まず自分に酸素マスクをつけてください」

自分の安全を確保していなければ共倒れになるということです。それと同じで、自分向けのひと言が必要なのです。

自分を整えるために、まずは自分を和ませる言い方を。

ありのままの弱さを認めると自分を整えることができますが、じつは「緊張しています」は禁じ手です。なぜなら……

- これからの時間に対する不安、おそれ
- 「十分できなくても許して」という逃げや甘え

「緊張しています」という言葉の裏に隠されたこんな思いが、伝わるからです。

緊張するのは自然なことで、それ自体は悪くありません。「うまくいかなかったらどうしよう」とネガティブな心理状態になることが問題なのです。

そこで、「緊張してドキドキするのは、それだけ大事な会議だから」と認めることで、ニュートラルなモードに切り替えます。

ニュートラルに自分を整えるための◯の言い方が、「引きしまった空気」です。

アウェーな空気というネガティブな表現を、引きしまった空気だとポジティブに言い換えることで自分をほぐす。これならば、甘えにもなりません。

- 「圧倒されるほどの迫力です」
- 「真剣さが満ちていますすね！」

こんな言葉もいいでしょう。甘えと思われずに自分について表現したいなら、身体の状態をこんなふうに言うのもありです。

- 「武者ぶるいしています」
- 「心臓がワクワク小躍りしています」
- 「手に汗を握っています」

どれも「緊張しています」の言い換えですが、かなり印象が変わりませんか？
身体的に反応しているという「弱み」は見せていますが、ややユーモラスで、相手に甘えだと取られないところがポイントです。
「朝から頭が痛くなり、実はメンタル弱くて胃が……」という〝繊細さんアピール〟は、同情されるどころか反感を買うだけなので、くれぐれも口にしないように注意しましょう。

こうしてニュートラル・モードで自分を落ち着かせたら、次はやる気や希望に焦点を当てます。

- 「ピリッとした空気でやる気まんまんです」
- 「ビビってしまう迫力の空気。今日は大きなものが生み出される気がします」
- 「この場の雰囲気に突き動かされて、自分の力を超えていける気がします！」

やや強がりな言葉でも、口に出すことによって自分で自分を「だます」効果を期待できます。

それだけでなく、ポジティブな感情を口に出すことで、実際に自分の状態が良くなっていくことを実感できるはずです。そのことで、その場にいる人に、「この会をいいものにしたいです！」と、前向きなメッセージを伝えることができます。

さらに、ふわっとした希望がその場の空気にほんの少し交じります。自分の緊張が解けるだけでなく、相手との距離も縮まるでしょう。

まずは自分のコンディションを整えよう

フレーズ
2

相手との距離を縮めたい

そんな時のひと言

○のひと言

営業課長の小林です。
今、営業で新製品を担当しています。
現場のナマの情報をお伝えする
ことで、今日は新製品の応援団を
増やしたいと期待しています。
よろしくお願いします。

×のひと言

営業課長の小林です。新製品を任されています。
10人の部下をまとめていますが未熟者なので、
よろしくお願いします。

自己紹介から始まる打ち合わせも多いと思います。普通のやり方では、なぜか緊張感が高まったり、お互いに身構える雰囲気になってしまいます。ところが、この自己紹介のやり方を変えるだけで相手との距離を縮めることができるのです。

多くの司会や幹事は、出席者の自己紹介を促すときにこう言います。

- 「名前とひと言、お願いします」
- 「1人15秒ずつ、何か言いましょう」

そんなとき、どんな発言をしたらいいと思いますか?

×「営業課長の小林です。10人の部下をまとめていますが〜」

「10人の部下をまとめていますが」の部分には、一流の会社に在籍していることや出身校、所属部署、肩書、実績、専門性、成果などが入りますが、要するに、「自分はこんなにすごいんだよ」と自己紹介し、弱みを見せないよう武装しているのです。

武器をちらつかせて「自分は強い！」と叫んでいるようなものです。

それだけでは嫌われると感じる人は、最後に謙遜を付け加えます。

×「未熟者なので、よろしくお願いします」

この発言は本人が謙遜しているように受け取れますが、「強いけど、配慮もできて人格も良しです！」という武装の一部です。一人がこれをやると、聞いている周囲の人たちが身構えて防衛的な雰囲気になり、ホンネが出なくなります。

「自分をよく見せなきゃいけない」という強迫的な空気が場を支配してしまうのです。

そうならないように、**自分が今やっていること、自分の貢献したいポイント、期待を伝える内容**の自己紹介をしましょう。

○「今、営業で新製品を担当しています。現場のナマの情報をお伝えすることで、今日は新製品の応援団を増やしたいと期待しています」

自分については「営業」の新製品担当という事実だけで、ほかのアピールはなし。今日、自分はどういう立場で来ていて、何を目的にしているかを伝えることで、その後の会話にスムーズに移行でき、場の空気も自然と和みます。

今感じていることを、できるだけベタに表現するのがいいでしょう。余裕があれば、明るさ、元気さ、前向きさを比喩《ひゆ》で表すと、さらに空気が良くなります。

- 「チームに春風を吹かせていきたいと思います」
- 「湖のような澄んだ気持ちで臨みます」

自己紹介をちょっと工夫するだけで、場の空気は大きく変わります。凍りついた空気を解かすためにも、ぜひ取り入れてください。

たかが自己紹介、されど自己紹介

フレーズ
3

何のために集まったのか、わからない

そんな時のひと言

○のひと言

今日の会議の目的は
新しいオフィスの
整理整頓計画の立案です

×のひと言

移転後の新しいオフィスの使い勝手などで
混乱しているとの声が多く上がっています。
いろいろと不満もあるでしょう。
そこで今日は関係者に集まってもらい
相談をすることにしました。

もし、打ち合わせや会議の進行役を務めることになって、会場の雰囲気がカタいなと感じたとしても、「和ませてやろう」と最初からたくらむのはやめましょう。

まずは自分を整え（フレーズ1：p26）、参加者に自己紹介で〝空気をあたためるお手伝い〟をしてもらったら（フレーズ2：p33）、目的をシンプルに伝えます。

空気がカタくなるのはみんなが「漠然とした不安」を抱いているからです。会合の目的が明らかになれば不安は激減します。

「現場が今どんな感じになっているのか把握したい」との意図で開く、報告が中心の会議も多くあります。上司の立場ならば、部員の動向が一度にわかるので、現状を把握するうえでは役に立ちます。しかし、部下の立場だとしたらどうでしょうか？

部下は日々の活動報告をメールやチャットで行っています。だから会議に出ても、「なんとなく集まっているけど、要するに目的は何？」と思っているケースが少なくありません。

予算会議のようにテーマが明確に決まっている場合でも、「予算の可否が決まる」「今日は話し合うだけ」と目的がはっきりしていなければ、「どこまで話せばいいのだろうか」と不安になり、フラストレーションがたまります。こんなとりとめない説明の後ならなおさら。

×「移転後の新しいオフィスの使い勝手などで混乱しているとの声が多く上がっています。いろいろと不満もあるでしょう。そこで今日は関係者に集まってもらい、相談をすることにしました」

目的を明らかにして参加者の「不安」を取り除くことは、空気を変える第一歩です。

○「今日の会議の目的は、新しいオフィスの整理整頓計画の立案です」

えっ？　と思うほどつまらない言い方でしょう。でも、それがいいのです。基本情報に創意工夫はいりません。自信をもって言い切りましょう。

旅行先で宿泊施設を探すとき、知りたい情報は「立地と値段と部屋の広さ」だけなのに、「リゾート気分が華やかかつラグジュアリーに味わえる、まるで天国のような体験をご案内して……」という説明を長々とされたらうんざりするでしょう。できるだけシンプルに目的を伝えましょう。

とはいえ、次のようなひと言を発してはダメです。

×「今日はこれまでとは違うかたちで、新しい会議を始めます！」

こんな抽象的なうえに否定的な言い方をしては、カタく冷たい場の空気がさらに凍りつき、永久凍土になります。「新しいことをします！」「まったく違うことをやります！」と宣言するのはやめましょう。

「変わろう、変わらなきゃ、変わるんだ！」とやると、みんなドン引きしてしまいます。「新しいことをします」「大改革をします」というのは、今までのやり方を全否定することで、「お前らはダメだ！」と怒鳴るのとほぼイコール。会議の空気を一瞬にして闘争モードに変えてしまうのです。攻撃を受けたと感じた人は、逃げるか、固まるか、反撃するかです。

会議の目的はシンプルに伝えよう

フレーズ
4

しっかり話したい。でも、みんな忙しい

そんな時のひと言

◎のひと言

今日の会議の目的は
新しいオフィスの整理整頓計画の立案です。
1時間で
計画と分担を決めましょう。

○のひと言

今日の会議の目的は
新しいオフィスの整理整頓計画の立案です。

話し合いに集中するために大切なのは、終了時間を共有することです。

「○時間で終了」「○時までに○○を決める」と伝えると、とたんに集中します。

さらに、みんなに合意してもらえれば、全員で協力してその時間を守ろう、という空気になります。

◎「1時間で、整頓されたオフィスのイメージを全員が共有し、分担を決めます。**賛同していただける方は挙手を**」

一方的に決めずに問い掛けて挙手してもらい、「しっかり合意を取り付ける」のもいいでしょう。しかし「1時間で大丈夫でしょうか？」と聞いてしまうと、不安な空気が生じるので避けましょう。

◎「予定の1時間で終わらせましょう。お忙しいなか工面していただいた貴重な時間です。集中して最高のアイデアを出しましょう」

このくらい言い切って、気合いで暗示をかけたほうがうまくいきます。「私が考えたルールを守れ」ではなく、「みんなの時間をみんなで守る」となるので、若手の進行役が口にしても反感を買いません。

時間をルールにする際は、「見える化」することも大切です。私は研修の際、ホワイトボードに目的と終わりの時間を書いておきます。

目的：計画と分担の決定
終了時間　16時

賛同いただける方は挙手を！
はい！
はい！
はい！
はい！
はい！

こうすれば自然と目に入るので、参加者は常に意識することができます。面白いもので、人は目的が意識に入ると、集中して協力しあうようになります。そうなれば自分も、「みんなを動かすプレッシャー」から解放され、会議の進行責任を一人で背負わずにすみます。

チームで時間内に目的を達成する雰囲気になるというわけです。

終了時間を伝えると、みんなが動きだす

フレーズ
5

話し合いのゴールを伝えたい

そんな時のひと言

◎のひと言

今日の会議は移転後の新しいオフィスの整理整頓についてです。

1時間で、作業の分担が決まり新しいオフィスをみんなが楽しみにすることがゴールです。

○のひと言

今日の会議は移転後の新しいオフィスの整理整頓についてです。

目的と時間が共有され、さらにゴールのイメージまで共有できると、結束する雰囲気がいっそう高まります。これは会議に限りません。打ち合わせ、面談、懇親会など、さまざまなコミュニケーションで空気が変わるのです。

- なんのための会議か（目的：フレーズ3：p37）
- どのくらいかかるか（時間：フレーズ4：p42）
- どのような成果か（ゴール）

〇の例のように、「オフィスの整理整頓」というテーマを説明するのは基本です。

しかし、これだけでは途中で意見が方法論に傾きがちになります。

すると「キャビネットを買おう」とか「ペーパーレスだ、いやDXだ」などと細かすぎる具体論に行ってしまい、まとまらなくなります。

◎の言い方では、「作業分担を決める」という会議の成果だけでなく、**「楽しみにする」とメンタルの状態にまで踏み込んでいる点が重要**です。

ゴールは、それを達成したときにメンタルでどう感じるかが明確になれば、いっそう魅力的になります。ゴールを伝えるときには、成果だけでなく、目指すメンタルの状態も表現しましょう。

成果とメンタルまでゴールとして示そう

フレーズ
6

自由に発言してもらいたい

そんな時のひと言

◎のひと言

今日のルールは、人の発言を絶対に否定しないことです。

○のひと言

今日は何を言ってもOKです。

×のひと言

今日は無礼講です。自由に発言してください。

ルールには自由を縛るような側面もあるので、事前に決めることを敬遠されがちですが、じつは適度なルールがあったほうがのびのびと、リラックスして話に集中できるのです。ルールがあることで「心理的安全性が高まる」とも言えます。

スポーツがそのよい例です。ルールがあるからこそ、その範囲内で自由にボールを蹴ったり、走ったりできるのです。

「オフィスの整頓について、できるだけ多く意見を出し合う」「どう整頓するか意見をまとめて結論を出す」など、目的とゴールに応じてルールは変わります。

しかし、ルールを示す理由は常に同じです。

- 理由1　参加者が会議の目的に合意し、ゴールにたどり着くため
- 理由2　のびのび集中する空気にするため

しかし、「自由に発言していい」と言っても、それだけでは真意が伝わりません。

×「今日は無礼講です」

これは典型的かつ古典的な×の言い方です。打ち上げ会や納会などで使われる決まり文句ですが、あまりにも昔から使われていて効果がなくなり、今日では逆の意味が生まれてしまいました。

「無礼講をうっかり信じてホンネを言うと、地雷を踏むぞ」と身構える人も多く、心理的安全性どころか、「忖度《そんたく》しろ！」との警報発令になってしまうことも。

さらに、Z世代など若い人だと「えっ？　ブレーコーって何？」と、意味が通じない可能性も……。

それをひと工夫したのが◯の言い方です。

○「今日は何を言ってもＯＫです」

しかし、この言い方でも「無礼講」と同様に受け取られる危険性があります。それに、**人は「自由に何でも言っていい」と言われると、かえって言えなくなるもの。**無制限に対して疑心暗鬼になり、不安になってしまうのです。

ところが、「今日のルールは」と明確に伝えれば、ルールに守られた雰囲気になって不安が消え、発言できるようになるのです。

◎「今日のルールは人の発言を絶対に否定しないことです」

「誰の意見も否定しない」というルールを明確に伝えて、自由に発言できる場をつくりましょう。

さらに、「このルールの中で発想してください」と制約を加えるほうがアイデアがたくさん出る、という成功事例もあります。

たとえばGEヘルスケアという会社の心電計は、「1回1ドルで検査ができて、バッテリー稼働で、持ち運べる重さ」という厳しい制約があったからこそ、エンジニアたちが工夫し、画期的な大ヒットとなったといいます。*

人型ロボット「ペッパーくん（Pepper）」元開発リーダーの林要さんは、著書『ゼロイチ』で、「制約があるから脳が動き始める」と言っています。

あえて「ルール」を示そう

* https://dhbr.diamond.jp/articles/-/6414

フレーズ
7

リラックスしてもらいたい
そんな時のひと言

○のひと言

小林さん、こんにちは。
昨日はフォローありがとう。
伊藤さん、寝不足だって言ってたけど
大丈夫ですか？
……それでは、会議を始めましょう。

×のひと言

それではみなさん、会議を始めます。

カタく重いオープニングの空気を緩める、シンプルかつパワフルなアドバイスをひとつしておきましょう。それは「名前を呼ぶこと」です。

「おはようございます」と「小林さん、おはようございます」では、相手（小林さん）に与える印象はまったく変わります。

私は経験上、**「まめに空気を緩めて損はない」**と心から思っています。

特にオンラインのコミュニケーションの場合は、「小林さん、いかがですか？」と明確に名前を呼ばなければ、発言のタイミングをつかみにくいものです。それなら、オープニングから呼んでしまえというわけです。

×「みなさん、会議を始めます」

これが×の言い方だという理由は2つ。

第一に、「みなさん」は誰を指すわけでもない抽象的な言葉で、いくら多用しても場の空気はほぐれません。第二に、そう呼び掛けることで、「ファシリテーター対参加者全員」という構造を示してしまいます。

参加者が多くて、最初はやむを得ず「みなさん」を使うなら、とにかく会議中は、まめに各人の名前を呼ぶようにしましょう。

南メソジスト大学（米国）のダニエル・ハワード博士の実験で、あるグループには名前を呼んで「ヘイ！　ジョン！　クッキー買ってよ」と言い、別のグループには名前を呼ばないで「クッキー買ってよ」と言いました。

すると、名前を呼んだグループの購入率は、名前を呼ばなかったグループの約2倍となりました。* これも名前を呼ぶ効果を示しています。

名前を呼ぶことは、**「あなたはこの場の大切な一員です」と伝え、居場所だと感じ**

てもらうためでもあるのです。

人間には「愛・所属の欲求」があり、自分の居場所のためならがんばれるもの。「一所懸命」という日本語もあるくらいです。

とにかく、まめに発言者の名前を呼んでみてください。

とにかく名前を呼んでみよう

＊『一瞬で自分を印象づける！　できる大人は「ひと言」加える』（松本秀男著、青春出版社）

第2章

空気が冷たくて話が続かない応えてもらえない

会話のキャッチボールが生まれる言葉

これじゃあ、キャッチボールなんてできない…
カチコチだ…

第2章では、「冷たい空気」をあたためます。
打ち合わせや会議が始まっても
誰も発言しない、冷えた空気。
焦って自分から発言しても、途絶える会話。
シラけているのか、ノリが悪くて無反応。
ここで妙な力の入れ方をすると空回りします。

自然で、言いやすく、
相手との距離が縮まる「ひと言」。
厳選してありますので、
どしどし使ってみてください！

フレーズ
8

冷たい空気をなんとかしたい

そんな時のひと言

○のひと言

この時間を最高のひとときにします。
そのために私はベストを尽くします。

×のひと言

私がどれだけお役に立てるかわかりませんが……
がんばります。

打ち合わせや会議が始まっても、まったく発言が出てこない——冒頭からそんな重く凍った空気に包まれた経験はありませんか？

かつて私も、若輩でありながら重役会議のファシリテーターを務めたとき、プレッシャーでつい、こう言ってしまいました。

「お役に立てるかどうかわかりませんが……」と。

「中島さんは謙虚でいいね！」という好印象にはもちろんならず、「この人、大丈夫なのか？」と参加者に不信感を与えてしまいました。

ますます場が凍ったのは、言うまでもありません。

パルマ大学のジャコモ・リッツォラッティ教授が1996年に発見したミラーニューロンの研究*から、人は共感することによって他人の感情や意図を写し取ることが示されています。つまり、**空気は人から人に伝染します。**特にファシリテーターの影響力は強く、その言葉から空気がつくられるのです。

*『ミラーニューロンの発見』（マルコ・イアコボーニ著、塩原通緒著、ハヤカワ・ノンフィクション文庫）

「この人に任せてみよう」という安心感を与え、「うまく進行してくれそうだ」と思ってもらえれば、参加者が安心して自然体になれる空気が生まれます。
まずは自分が「ベストを尽くす」と言い切ることから始めましょう。

難しい取引先との商談に臨む。若手なのに大役を任されてしまった。場を仕切ること自体に慣れていない。そんなプレッシャーで自分自身の**気持ちが冷え切っているときこそ、気概を示す言葉で空気をあたためましょう。**

○「チームのために私はベストを尽くします」

チームでもいいし、プロジェクトでもいい。「この会議」でもいいでしょう。

凍った空気を熱い言葉で解かそう

フレーズ
9

ひと言で場をあたためたい

そんな時のひと言

◎のひと言

この部屋の
真剣な雰囲気のおかげで
私もだんだん調子が出てきました。

○のひと言

この部屋のみなさんのために
精一杯がんばります

×のひと言

みなさん静かですね。
遠慮なく意見を言ってください。

空気が冷えていたら、熱い言葉を発して自分に暗示をかけましょう。
ホンネが「ガチガチに緊張しています」だったとしても、あえて宣言するのです。

◎のひと言
「この部屋の真剣な雰囲気のおかげで、私もだんだん調子が出てきました」

言葉は気分をつくります。
言ってしまえば気持ちが上がってきます。そしてその気持ちが伝染していきます。

大きな声で元気に「絶好調！」と言ってしまうと、「あれっ、意外と元気かも？熱もないし、痛いところもなく、ここにいられるんだから」とポジティブになってきます。そうやって自分をノセて、内面から力を引き出しましょう。

「私、だんだん調子が出てきました」と言いながら体を左右に軽く揺すったりすれば、まさにノッている感じを表現できます。

さらに、このフレーズを用いる際に使ってみたい言葉が、「おかげさまで」です。人から認められたいと思う人間の「承認欲求」はよく知られていますが、『嫌われる勇気』で有名なアドラー博士は、人には「貢献欲求」があるとも述べています。

これは「誰かの役に立ちたい、喜んでもらいたい」と強く思う気持ちです。たったひと言、**「おかげさまで」を付け加えるだけで、参加者の貢献欲求がしっかり満たされる**のです。

「あんなに空気が冷えていたのに、私たちのおかげでこの人は乗ってきた」と。

貢献欲求が満たされると、みんなの参画意識が高まり、空気は一気に雪解けとなるでしょう。全員がだんだん〝ノッてくる〟わけです。

キャンプで焚き火をするとき、最初に小さな火を起こし、それをクルクル回していると炎が少しずつ大きくなり、それが周りに燃え移り、ついには全体が燃え上がって大きな炎になる――そんなイメージです。

参加者たちの小さな火が集まってできる炎は、巡り巡って場の空気を熱くしてくれます。

心にともった小さな火をもっと広げるための、別の言い方もあります。

- 「目が輝いてきましたね」
- 「声に力がこもってきましたね」
- 「おっ、いいアイデアが出ましたね」

参加者が自発的に、活発に発言してくれることが理想ですが、まずは自分が火をつけましょう。

「おかげさま」は、参加者に居心地の良さを感じさせて発言を促す魔法の言葉です。

- 「今の意見のおかげで、思いついたことがあります」

●「今のお話のおかげで出てきたことを、お伝えさせてください」

誰かと誰かの発言がつながり、貢献欲求が満たされた参加者は大いに盛り上がり、情熱も高まります。

「おかげさま」は、魔法の言葉

フレーズ
10

意見を言いたくなる雰囲気にしたい

そんな時のひと言

○のひと言

これから10分間は特別ルールです。
アイデアの数を競いましょう。
数だけです。
質は関係ありません。

×のひと言

どんな内容でもかまいません。
みなさん自由に発言してください。

第1章のフレーズ6（p49）で、「ルールを設けたほうが心理的安全性が高まる」と言いましたが、これは「フレーミング」という手法です。ルールや制約を適切に設けると、人間はむしろ自由に動きやすくなる、という効果を利用しています。

たとえば、議論をするとき、あえて「1テーマにつき10分」などと時間の制約を設けると、意見が出やすくなることがあります。これは、「大人が記憶を保持しながら話を聴くことができるのはせいぜい20分*」として知られていることを、逆手に取ったフレーミングと言えます。

また、意見が出ないときは「言いたいことを紙に書いてもらう」というやり方もあります。

さらに、時間を区切る場合も、紙に書く場合も、「質より量」というルールを明確にしましょう。**どんな意見も否定せず、徹底的にほめ合う。**機械的にでもいいので、「面白い意見ですね！」と言い合うようにしましょう。

*『講師・インストラクターハンドブック』（中村文子、ボブ・パイク著、日本能率協会マネジメントセンター）

こうして「フレーミング」で空気をあたためると、ルールに守られて多様な意見が出てきます。

「こんなバカなこと言ってもいいのかな？」という気軽な発言から、常識にとらわれない、すごいアイデアが生まれるかもしれません。

フレーミングで発言しやすい空気に

フレーズ
11

無理に発言させている感じにしたくない

そんな時のひと言

○のひと言

では、バトンタッチ方式で行きましょう。
最初の人が
この人の話を聞きたいなと
思う人を指名してください。

×のひと言

では、小林さんから順番にご意見をお願いします。

「順番」ほど人を緊張させ、空気を冷たくするものはありません。

「あと〇人で自分に順番が回ってくる」とあらかじめわかっていると、人は身構えて防御態勢になってしまいます。

「変な発言をしないように気をつけて、まともで正しいことだけを言おう」と思うと、当たり障りのない発言しか出てきません。結局、おざなりな会議で終わることになるでしょう。

特に私が避けたいと考えているのは、進行役が発言者を指名していくことで、参加者が依存するようになることです。昔の学校の先生と生徒のような主従関係ができてしまうと、参加者はどんどん受け身になっていきます。

それでは意欲や希望といった参加者の主体性を引き出せず、つまらない雰囲気になってしまいます。

打ち合わせでも、会議でも、自由かつランダムに発言しあうのが本来の望ましい姿です。それが実現できずに意見がなかなか出ないようなときは、自分で指名するのではなく、参加者の誰かに指名してもらうようにしましょう。

○「では、バトンタッチ方式で行きましょう。発言した人が、『この人の意見を聞きたい』と思う人を指名してください」

そうやって指名された人が発言したら、その人が「じゃあ、次は小林さんを」などと指名し、発言のバトンタッチをしていきます。

発言した人は誰もが、個人差はあっても何かしらの「熱」を発し、それは指名によって次の発言者に伝染していきます。この伝染で場をあたため、一体感をつくり上げていきましょう。

指名されることは、「推薦された」ということです。進行役から命じられるのではなく、参加者から指名されることは光栄なことですし、不思議とうれしく思えるものです。「ご指名ありがとうございます」とお礼の言葉が自然に出てきたりして、思った以上に場の空気があたたまりますよ。

やや高度なテクニックですが、ファシリテーターが使うパワフルな〝合わせ技〟も紹介しておきましょう。

デスクワークが多いビジネスパーソンは運動不足になりがちなので、誰かをリード役に指名して、全員でストレッチをします。

「小林さんにリードしてもらって、みんなでストレッチをしましょう。小林さん、お願いします」

いまどきのビジネスパーソンは、たとえジムに通っていなくても、ストレッチのやり方を1つや2つは知っているものです。私の経験では、誰を指名しても必ず何かしらやってくれます。

腕を後ろに伸ばして、胸を反らせるだけでもいい。そうやってみんなで同じ動作をすると一体感が生まれます。あとはバトンタッチ方式と同じです。いつのまにか、この場の雰囲気はファシリテーターがつくっているのではなく、みんなでつくっていると思えてくるのです。

特にオンライン会議はどうしても場が冷えがちなので、バトンタッチ方式を行うと驚くほど効果があります。

バトンタッチ方式で空気をあたためよう

フレーズ
12

やらされ感を出したくない

そんな時のひと言

○のひと言

ここは私たちで
結論をまとめていきたいですね。

×のひと言

ぜひ、みなさんで結論をまとめてください。

会議で進行役をしていると、参加者にお願いしてもらいたいことが次々と頭に浮かんできます。

「積極的に意見を出してください」

「脱線はそのへんにして、本題に入ってください」

できるだけ**丁寧な表現でこちらの希望を伝えても、相手にはかなり強い要請**として伝わってしまい、それが場の空気を重くします。

部下には「あの件を報告してくれ」と言いたいし、上司には「いつ決裁してくれるのか」と催促したい。朝は子どもに「早く支度をして」と注意したくなるし、パートナーには「名もなき家事」の分担を確認したい……。

これらの要求は強さの濃淡はあれど、「人を自分の思うように動かしたい」という気持ちにほかなりません。しかし、人はだれしも強制されると不快なもの。お願いは慎重にしましょう。

×「ぜひ、みなさんで結論をまとめてください」

誰もが無意識にこう口にしますが、**「ぜひ」は危険なひと言です。**言われたほうは「義務」の印象を持ち、さらに「やらされ感」が強まります。やらされ感は不快なだけでなく、雰囲気が悪くなりますので、ぜひ（笑）気をつけてください。

○「私たちは○○したいですね」

「私たちは」と言うのが、とてもさりげないのに効果があるひと言です。さりげなさと一緒に明るく夢のある表現ができれば、さらに効果的でしょう。

- 「私たちは早く問題を解決して、来年を笑って迎えたいですね」
- 「私たちはV字回復をねらいたいですね」
- 「私たちはやることをやって、お祝いしたいですね」

「私たちは○○したいですね」と呼び掛けると、相手は「そうかもしれないな」「したいな」という感じになってきます。そのうえ一体感も生まれます。

これが「みなさんは○○したいんですよね」とやると、「決めつけないで！ そうとは限らないし！」という反応が出てくるのが、不思議で面白い点です。

「私たち」を主語にして、やりたいことを伝えよう

フレーズ
13

無理なく発言を引き出したい

そんな時のひと言

○のひと言

小学生の子をもつ親からは、
このプランは
どう見えるんでしょうか？

×のひと言

小林さん、ご意見を聞かせてください。

正解が見えにくい問題についての個人的な意見は、なかなか言いにくいものです。発言に責任を持たなければいけない気持ちになったり、批判されて恥をかくリスクを感じてしまうからです。みんなの意見が欲しいときは、そうした心理的な負担を少しでも減らせるような言い方を工夫し、実践していきましょう。

×「小林さん、このプランについてご意見を聞かせてください」

いくら丁寧に言っても、これでは小林さんに「意見を言え」と迫っているだけです。無茶ぶりや強制だと感じてしまう人も少なくありません。

○「小林さん、小学生の子を持つ親からは、このプランはどう見えるのでしょうか？」

こちらは、**その人の意見ではなく、「立場」を代表して意見を言ってもらう**パターンです。ワンクッション入れて気楽に発言してもらうための工夫で、こちらのほうが話しやすくなります。

たとえば、

- 中学生の息子をもつ親として
- 入社3年目から見て
- 人事担当者として
- ○○出身の人として

などです。ただし、ジェンダーや世代などでステレオタイプにくくることは、偏見や差別につながるおそれもあるので、あまりおすすめしません。

「代弁者」なら、発言のハードルが下がる

フレーズ
14

お願いせずに発言してもらいたい

そんな時のひと言

〇のひと言

小林さん
何か言いたそうなお顔をして
おられますね。

✕のひと言

伊藤さん、まだ何も話されていませんが、お願いします。

意見が出ないのは、特に意見がないから——とは限りません。

意見はあるのにきっかけがつかめない場合もあります。また、「何か言ってもいいけれど、言うほどのことでもないな」と遠慮しているのかもしれません。

そんなときには、2つの言い方で発言を引き出しましょう。

○「伊藤さん、このあいだ面白いことを言っていましたね」

これは、伊藤さんが以前に話したことを覚えていて、それをきっかけにして意見を引き出そうという手法です。

こう言われて、「いいえ！　面白いことなんて何も言ってません」と頑なに否定する人はめったにいません。

ちなみに「以前の話」は、さほど面白いことでなくてもOK。今日のテーマとの関連性も、「なんとなく関係するかな？」という程度で十分です。

大切なのは、「あなたを尊重し、日頃から注目しています。だから**以前の話も覚えていますし、ぜひ意見をうかがいたいんです**」との思いを伝えて、会話に参加してもらうことです。

つまり、主体的に関わってもらうためのきっかけづくりなのです。

○「小林さん、このあいだ含蓄《がんちく》のある発言をなさってましたね」

・「面白い」
・「含蓄がある」
・「鋭い」
・「新鮮な」

どんな形容詞でもいいのです。自分の発言を肯定されてうれしくない人はいませんから、うまく水を向ければ何かしら意見を言ってくれるでしょう。

肯定された人は「よし、期待に応えよう」と思って意見を述べてくれます。これで信頼関係が1つできます。

その意見を「ありがとうございます」と受け止めると、さらに雰囲気が良くなり、ほかの人からも意見が出てくるようになります。

◎「小林さん、何か言いたそうなお顔をしておられますね」

これはやや上級テクニックで、暗示です。「何か言いたそうな顔」と決めつけ、暗示にかけることで、相手に発言させてしまいます。

「何か言いたそうな顔って、どんな顔？」と疑問を持つかもしれませんが、人の心を正しく見抜ける特殊能力は私にもありません。

そこで社内の会議の場合なら、当人のキャラを知っていて、うまく助けてくれそうな同僚にこの暗示をかけます。

参加者との関係性がさほど深くなくて、キャラがいまひとつわからない場合は、「笑顔が多い人」「目線が下向きでない人」を選んで振ってみましょう。

こうした暗示には、発言を促すだけでなく、場をなごませる効果もあります。

笑い顔と共に、にこやかに話せるように場の空気があたたまったら大成功！

何か言いたそうなお顔をしておられますね
え〜やっぱりわかりますかぁ？

ファシリテーターではなく、参加者同士でこの種の「暗示」を使えれば、場の空気はさらに良くなります。

仲間から「前にいいこと言ってたよね」とか、「何か面白い意見があるんじゃない?」と促されると、言われた人は「仲間に期待され、背中を押してもらった」と感じます。

暗示を使って発言を促せる

フレーズ
15

必要な説明をしっかり聞いてもらいたい

そんな時のひと言

◎のひと言

今日のメンバーでしたらこれからの説明に興味をもつはずです。なぜなら……

○のひと言

これからの説明にきっと興味をもたれるはずです。

×のひと言

ご興味があればよいのですが、説明を聞いてください。

打ち合わせや会議で、あるいは懇親会などでも、冒頭で必要事項を説明しなければいけない場合があります。

説明しているあいだみんなニコリともせず、シーンとして聞いているのは、傾聴しているから？

残念ながらそうでないことは、場の空気を見れば明らかです。

説明する側としてはトホホで、つらいところ。

なんとか打開しなければ空気は最後まで冷えたままで、みんなの意見を聞くこともかなわず、前向きな結論にもこぎ着けません。

そこで、ややテクニカルですが、そんなときに役立つ言い方を覚えておいてください。

×「ご興味があればよいのですが、説明を聞いてください」

この言い方は最初から及び腰です。「ご興味があれば」と前置きすると、まず説明を聞いてもらえません。**自信のなさが強く出て、「聞く必要のない話だな」という判断に結び付いてしまう**からです。

そこで、強く言い切ってしまいます。

○「これからの説明に、きっと興味をもたれるはずです」

際どい表現だと思うかもしれませんが、**力強く言い切るのがコツ**です。すると説得力が増します。

◎「これからの説明に、きっと興味をもたれるはずです。なぜなら、みなさん現場で日々悩んでおられるリーダーですから」

前向きとはいえ、こう言い切るからには、参加者の状況を事前に把握し、「これなら受け取ってもらえるはずだ」と思える情報を準備しておかなくてはいけません。そこはきちんと押さえておきましょう。

さらに、「言い切り」の根拠となる「今日のメンバーだったら」と**「なぜなら」をつなげることで相手へのリスペクトを表現する**と、いっそう効果的です。

- 「今日のメンバーだったら、これからの説明にきっと興味をもつはずです。なぜなら……」
- 「なぜなら、みなさんは最先端のビジネスエリートじゃないですか。みなさんにふさわしい、最先端のテーマですよ」

さらにもう一歩リスペクトした「言い切り」で、相手を引き込むこともできます。
こちらは、参加者との関係性がある程度強い場合に効果的です。

- 「表面的で薄っぺらい話には飽き飽きしていますよね？　今日はホンネの話をします」

もう少しパーソナルな決めつけでもいいでしょう。場合によっては、名前を付けて「言い切る」ことも。

- 「この話、小林さんは絶対に好きだと思うんですよね、きっと」
- 「こういう深い話、小林さんならわかってくれると思うんですよ」

これらの「言い切り」で、相手に気分がいいと思ってもらえたらしめたもの。話を聞いてもらえるくらい、空気はあたたまっていきます。

相手を肯定したうえで、ときには「言い切って」みよう

フレーズ
16

質問が出ず、残念な空気

そんな時のひと言

○のひと言

何か気になることや
確認したいことがあれば
どうぞ教えてください。

×のひと言

質問はありますか？
遠慮なく言ってください。

誰かが独りよがりにさっさと歩きだし、周囲は置いてきぼりになっている――これも空気が冷え込む原因です。

事前準備や段取りをし、「時間・目的・ゴール」を決め、ルールを説明する。一見、完璧に見えますが、関心が「人」にではなく「段取り・進行」に向いていたら、誰もついてきてくれません。

冷えた空気はすぐにわかり、そうとわかるとますます冷えていきます。わからないことや質問したいことがないか、早めに参加者に問い掛けたほうがいいのです。しかし、表面的に聞くだけでは「無反応」という最悪の事態に。そうなると冷えた空気はさらに冷えて、凍ってしまいます。

×「質問はありますか？　遠慮なく言ってください」

この質問を投げてもシーンとしているなら、「問題点と不明点だらけで、何から質問していいのかわからない」と、不安と不満が充満しているかもしれません。

○「何か気になることがある方は、遠慮なく教えてください」

そこでこちらの、二重に相手に配慮したひと言を！

面と向かって疑問を口にするのにはエネルギーがいります。問題点を挙げて、あえて憎まれ役を買うようなリスクを冒すのは、誰だって嫌なものです。

そんな心情への配慮もなく、いきなり「遠慮なく言ってください」と質問を促すのは、「憎まれ役をやってくれ」と相手に負担を強いることと同じです。

その点、「何か気になること」というふんわりした言い方にすれば、相手も発言しやすくなります。さらに「遠慮なく言ってください」ではなく「教えてください」と言うことで、相手は「遠慮なくクレームをつける人」ではなく、**「頼まれて改善点を教えてあげる人」という立ち位置**になります。それだけ言いやすくなるのです。

相手が忌憚《きたん》なく質問や説明をできるようにお膳立てをする。

そのことによって相手が発言しやすくなると、単なる批判ではなく代案や提案も含んだ建設的な意見が出てくるという、大きなメリットが期待できます。

質問のハードルを下げよう

第3章

信頼されてない雰囲気で空気が痛い

認めてもらえる
言葉

人は誰でも平等とはいえ、残念ながら
「この人と話をしたい」と思ってもらえる人
思ってもらいにくい人がいるのが現実です。
この違いは、信頼の有無によります。

「この人なら大丈夫」と思われる。
「この人ならわかってもらえる」と一目置かれる。
頭がいい、面白い、話がわかるなと認められる。
第３章では、そんなひと言を紹介しましょう。
信頼されるようになり、味方も増えていくはずです。

フレーズ
17

ひと言で場をあたためたい

そんな時のひと言

◎のひと言

それはきっと大変でしょうね。

○のひと言

そうそうそう！

×のひと言

そうなんですか……

相手から「この人とは本当に話しやすい」と思ってもらうのに、３つのポイントがあると私は感じています。

①好感をもってもらう
②頭がいいと思ってもらう
③味方だと思ってもらう

ひとつ目は「好感」。
アナウンサーやテレビ情報番組のＭＣを見ればわかるとおり、好感度の高い人が進行役を務めれば大勢のゲストがいても和やかにまとまりますし、「この人が言うことなら、ちょっと聞いてみようか」となります。

好感度の強弱はいろいろで、「この人が言うなら何でも従う！」という強烈なカリスマ性をもつ人もいます。とはいえ、それは努力で身につくものではなく、また強烈に好かれる人は、強烈に嫌われることもあります。私たちがそこを目指す必要はありません。

「好きか嫌いかなら、まぁ好き」

まずはこのセンを目指しましょう。

ふたつ目の「頭がいい」。

難易度は高いものの、これは努力次第で不可能ではありません。

池上彰さんのように「この人の話はわかりやすいし、教養もすごくある」と思ってもらうのは、未経験の競技でオリンピックを目指すようなものですが、「頭がいいなと一目置かれる」くらいなら、可能性は大いにあります。

少なくとも、**見下げられたり値踏みされたりすると物事が進めにくくなるので、それは避けたい。**これについては本章の後半（p134）で述べます。

まずマスターしていただきたいのは、3つ目の「味方だと思ってもらうこと」です。
別にすごく好かれていなくてもいい――嫌われていなければ。
「この人は味方だ」と相手に思ってもらう。そこから信頼は育っていきます。

味方になるためのキーワードは、「共感」です。
2種類の共感を使って味方を増やしましょう。

「自分のことを理解してくれる、共感してくれる」と感じられると、相手は「この人は味方に違いない」と思ってくれます。

○「そうそうそう！」
○「わかるわかる！」

これは「感情の共感」。「シンパシー」とも言います。
たとえば会議中、誰かがこんな発言をしたとします。

「このプレゼン、無茶苦茶がんばったんですよ。あの手強いA社が競合ですから」

そのとき、大変なプレゼンを経験したことがある人、A社の手強さを知っている人なら、自然にこう応じるでしょう。「そうそうそう！　わかりますよ」と。

これは感情の発露で、間違いなく強い共感として相手にまっすぐに届きます。

- 「あぁ、わかります！」
- 「あるあるですね！」
- 「うん、うん、うん」
- 「それそれ！」
- 「ホントそうですよねー」

感情の共感の場合、感情さえこもっていれば言葉はわりと何でもいい。「はいはい、はい」は軽薄な印象で敬遠しがちですが、目をギュッと閉じて、「はい、はい、はい」とうなずけば、共感の気持ちが伝わるんです。

普段は丁寧な言葉遣いをする人が、いきなりくだけた表現をする。あるいは、いつも標準語で話している人が、突然、方言になってしまうというのも効きます。どれも、十分に気持ちを込めて言うと効果的です。

- 「うわっ、ヤバい」
- 「めっちゃええ！」

ただし、演技と取られると逆効果。心から共感したときに、自然に出てくるからこそ効果があるのです。

とはいえ、いつもいつも共感できるとは限りません。

「ものすごい苦労かもしれないけど、実はわからない」というケースのほうが、圧倒的に多いはずです。そのときは「知の共感」を使います。こちらは「エンパシー」と言います。

◎「それはきっと大変でしょうね」

たとえ同じような経験がなくても、相手の立場に心を寄せ、相手の身になって考えて共感することはできます。

- 「想像を絶するぐらいがんばったのでしょうね」
- 「お話をうかがっているだけで、思いが伝わってきますね」
- 「そんな苦労は、私には耐えられないかもしれません」

「感情の共感」と「知の共感」。この2種類の共感を不自然さなく使うことができれば、味方は自然に増えていきます。

マイクロソフトCEOのサティア・ナデラさんは、会社がビジネスの方向性を見失いかけた難しい時期に、知の共感で社員を味方につけていったと言われています。

また、スタンフォード大学心理学准教授のジャミール・ザキさんは、その著書*の中で「共感は本能ではない。自分で伸ばせる能力だ」と述べています。

「2種類の共感」で味方を増やそう

*『スタンフォード大学の共感の授業』（ジャミール・ザキ著、上原裕美子訳、ダイヤモンド社）

コラム 1

思考力ゼロで使えるあいづち

驚いたり、余裕がなかったり、言語化しにくいことだったり。そんなときでも沈黙してはいけない。とりあえず反応するために、感嘆詞でさえない簡単なあいづちを用意しておこう。いざというときに役に立つ。おすすめは「は行」と「あ行」だ。

なぜ「は行」かと言えば、息がはーっと体から出てくるので、共感に近いエネルギーを伴うからだ。「は〜」「へ〜」という想いが腹の底から出ているなと、相手に思わせる効果がある。それで、あいづちを打った本人の心が落ち着く。

「あ行」も音が聞こえやすいのでおすすめだ。

あいづちは相手の話のリズムに合わせて打つこと（ペーシング）が肝心だ。「は〜

……「ほほぅ」とゆったりと打つか、「うん、うん」とテンポよく打つのかで、相手はまったく違う印象を受ける。「ページング」の練習も、「は行」と「あ行」のあいづちでしておこう。

「は行」


「は〜」

「ひゃ〜」

「ふ〜ん」

「へ〜」

「ほほぅ」


「あ行」


「あ〜」

「いいね！」

「う〜ん」

「ええ!?」

「おお！」

フレーズ
18

相手を認めていることを伝えたい

そんな時のひと言

○のひと言

大切なことを
おっしゃったと思います。

×のひと言

そうですか。なるほどですね。

「中島さん、上司と話していて『なるほど』と言ったら、めちゃくちゃ怒られたんですよ。目上の人に失礼だって……。だから『なるほどですね』って言い換えたら、さらに激怒ですよ！」

ある若い女性からこう聞かされたとき、「ふーん、なるほど」と、私もつい言ってしまいました。

あいづちとして気軽に使いがちな「なるほど」は便利な言葉ですが、多用するとビジネスシーンでは非礼と取られることもあるので注意が必要です。

「たしかにそのとおり」という意味合いですが、やや上から目線で評価している感じがして、共感や尊敬が伝わりません。

このケースの女性と同じく、丁寧にするつもりで「なるほどですね」と言う人もいますが、これはそもそも文法的に間違っており、嫌われるリスクが大いにあります。

「たしかに」もけっこう使われますが、「なるほど」とあまり印象は変わらないでしょう。これも多用すると危険です。とはいえ、これらはあいづちとしては必要なので、別途コラムにまとめておきます。（p115）

では、誰かの話を聞いて「たしかにそのとおり」と思ったとき、どんなひと言を口にすればよいのでしょうか？

「なるほど」に代わるひと言としてふさわしいのは、認める言葉です。**人は何か話すとき、「わかってほしい、認めてほしい」と願っています。**そこでこんな言葉を発して、相手を味方につけましょう。

○「大切なことをおっしゃったと思います」

発言の内容をしっかり理解していなくても、**「あっ、これは大切だ、重要だ」と思ったらすぐに口にするのがコツ。**なぜなら、相手は「大切だ」と思って言っているからです。

大切だと思う理由については、あとから考えてもなんとかなります。このひと言で相手は「肯定された」という気持ちが強まり、味方だと感じてくれます。

余談ですが、発言者の話がだらだらしていたり、横道にそれたりしたときにも、私はこんなひと言を発して、はっきり肯定することにしています。

- 「すごく響きますね」
- 「思いが伝わってきました」
- 「すごく伝わってきた気がします」

うまく表現できないもどかしさもあるでしょうが、私はしっかり受け止めていますから、あわてず、安心してゆっくり話してください、と相手の心理的安全性を担保しているわけです。

人間は「受け止めてもらっていない」と思うと、話がそれたり、だらだらしたりしがちです。裏を返せば、「受け止めてもらっている」と思えば満足し、話が簡潔にまとまりやすくなるというわけです。

「大切」と認めることで味方が増やせる

コラム 2

盛り上がるあいづち

すべての発言は宝だ。あらゆる発言を通じて場を盛り上げる、その秘訣のひとつがあいづちだ。活用法を説明しよう。

どんなあいづちも、相手の話に合わせて打つのが原則。

「家さ出たな」はオリジナルのあいづちで、どんな場面も盛り上がる。語呂合わせでインプットしておこう（ただし本文でも書いたとおり、多用すると危険な場合も）。

【家さ出たな】

い……いいですね　え……エエ！　さ……さすが！　で……ですよね

た……たしかに　な……なるほど！

フレーズ
19

「よくわからない」と言いたくない
そんな時のひと言

○のひと言

きっと深い考えが
あるような気がします。

×のひと言

うーん、おっしゃっていることが
ちょっとわからないですね。

じっくりと考えながら声を絞り出すようにして話す人は、「重要な話」をしてくれています。少なくとも本人にとっては。データやエビデンスはないのですが、3万人の話を聞いてきた経験から、私はそう確信しています。

問題は、それがわかりにくいときにどうするか。発言者が真剣かつ一所懸命に話しているけれど、まとまりがなくて、「重要な話なのか？」という判断すらつかないほど意味不明……。

話し下手な人、言っていることがわかりにくい人、ダラダラ長くてだんだん脱線していく人は、どんな場所にも1人や2人はいるものです。

しかし、せっかく勇気を出して発言してくれたのだから、雑に扱ってはいけません。すべての意見を敬意をもって受け止めるのが正しい姿勢であり、それを徹底してこそ、味方と思ってもらえるのです。

そこで私がよく使うのは、「知の共感」。つまり、**100パーセント理解できなくても相手の身になって、こんなひと言を発してみます。**

- 「きっと深い考えがあるような気がしますね」
- 「きっといろんなことに通じるんでしょうね」
- 「お考えの深さが伝わってきました」

この言い方をするときのポイントは、丸みを帯びた言葉にすることです。たとえば、「きっと」「でしょうね」「伝わってきました」という表現でぼやかして、決めつけないようにする。

決めつけると、発言者の反発を招くか、発言者にプレッシャーがかかるか、のどちらかになります。誰からの反発もなく、のびのび好きなことが言えるような空気にしておきましょう。

「別途掘り下げるべき内容だと思いますので、ホワイトボードにパーキングさせておきますね」

これは、パーキングロット（駐車場）というファシリテーターのテクニックです。ホワイトボードも使って受け止めておく方法もあるわけです。

このように丸く受け止めて、方向転換していくのがファシリテーターの知恵です。

参加者の発言が、「素晴らしすぎてわからない」あるいは「レベルが高すぎてわからない」という場合も多くあります。

たとえば、「若者がわけのわからん趣味の話をしている」と思っても、それがデジタル・ネイティブの貴重な意見かもしれません。

「部長ももうトシだな、ピント外れだ」と思っても、実は経験に裏打ちされた知恵を教えてくれているのかもしれません。

信頼される人は、「自分のモノサシは短い」という謙虚さを大切にしているものです。

「すべてをジャッジする能力などない」と自覚し、みんな共感をもって受け止め、認める。わからないときにこそ共感です。

よくわからないときほど、まずは共感を示そう

フレーズ
20

1人の意見で
全体の空気を良くしたい

そんな時のひと言

○のひと言

小林さんのご意見は
私たちが知りたかったことですね。

×のひと言

小林さんのご意見は素晴らしいです。

発した瞬間に**みんなをうならせる鋭い意見というのは、めったにありません。**

発言者も自分の考えがどう受け取られるかはっきりわからないまま、不安な気持ちで話してくれています。

発言する人の心は非常に繊細です。だからこそ、「いいことを言ってくれてありがとう」と、どんな意見でも認めるわけです。

その意見が本当に良いものだったら、そこでとめてしまうのはもったいない！

×「小林さんのご意見は素晴らしいです」

「素晴らしい」という言葉を私はあまり使いません。なぜなら、とても安易な印象を受けるからです。上から目線で評価された気にもなります。安易に評価されて喜ぶ人はまずいません。

このように認めたら、ほかの人も置いてきぼりになってしまいます。

いちばん大切なことは、全体の雰囲気を良くすることです。

その意味で小林さんは、会議に大きく貢献しています。彼が意見を言ってくれたおかげで、みんな発言しやすくなっているのですから。せっかくの良い意見は、会議の場全体に広げていきましょう。

○「小林さんのご意見は、私たちが知りたかったことですね」

意見を述べたのは小林さんですが、彼は「私たちの代表」であると位置付けて、意見を全員で共有するのです。小林さんの意見にうなずいている人が多い、集中しているようだ……そんな手応えを感じたら、すかさず「私たちが聞きたいことを言ってくれました」と共有しましょう。

「これは私たちにとっていい意見ですよ。私たちの代表が言ってくれた、私たちの意見ですよ」と。

さて、小林さんの意見は**「なかなかいいけれど、そこまで良くもない」ということもあります**。現実には、このケースがほとんどでしょう。その場合は、違う広げ方をします。

○「今のご意見で、私たちの議論が発展していきますね」

小林さんの意見をベースに議論を展開して、「私たちの意見」を育てていこうというもっていき方です。

「この話から、私たちは大きな可能性を見いだせる気がします」

お気づきだと思いますが、この場合は「小林さん」という呼び方ではなく、「私たち」と言っています。なぜなら、すでにみんなの意見になっているからです。前に出た話とつなげたり、次のテーマにつなげたりして、ほかの人にも意見を出してもらえるように促します。

小林さんについては意見を述べた時点でしっかり認めているので、小さな信頼関係ができています。いつまでも「小林さん」と名前を出し続けたら、いつまでも1人の手柄になってしまい、みんなにまで広がりません。

小林さんはもう放っておいても大丈夫。「自分の意見がきっかけになって、みんなの議論が広がっていく」あるいは「みんなの意見になった」というのは、むしろ本人にとっても喜ばしいことです。

「良い意見」は、すかさず共有！

フレーズ
21

上から目線と思われたくない
そんな時のひと言

○のひと言

フレッシュな提案のように
私は感じます。
みなさんはどうでしょう？

×のひと言

すごくいい提案です。

ここまで、認めて、肯定して、広げて、少しずつ味方だと思ってもらうためのひと言を紹介してきました。

この後、さらに認めてもらうひと言を紹介していきますが、その前に「危険なワナ」について述べておきます。

人を認めるときに**「良い・悪い」を強調しすぎると、上から目線でその人が場を支配している印象を与えます。**支配されて喜ぶ人はいませんので、このひと言だけでも嫌われてしまうリスクがあります。

×「すごくいい提案です」

ですから、人の意見を認めるときにこう言うのは危険。

まさに「良い・悪い」のジャッジがセットになった例です。

聞いている人たちは「この人は、良い・悪いと自分の評価を押し付けるんだな」と感じてしまいます。

もし反対の考えを持つ人がいれば、あなたに反感を抱くでしょう。それだけで対立が生まれ、最悪の場合、論破されて見下げられる可能性だってあります。

加えて発言者との関係性によっては「やっぱりこの人は同期には甘い」などと、人間関係であらぬ誤解を受けることさえあります。

自分のメッセージとして発していいのは、自然な感情の発露だけ。余計な評価はしないことです。「そうそうそう！」や「わかる〜」以外でメッセージを発するときは、「個人的な感覚を謙虚に伝える」という枠組みを守ること。

○「フレッシュな提案のように私は感じます。みなさんはどうでしょう？」

ここは、「フレッシュ」以外にも、「バランスのとれた」「実践的な」「建設的な」といった言い方もいいでしょう。

人間は誰しも主観から逃れられません。まったく主観を言わなければ、「当たり障りのないことしか言わない人」「ホンネがわからないやつだ」と信用してもらえません。

そこで「感じる」という言い方で自分の主観を謙虚に伝えたうえで、みんなの主観を伝え合いましょうと促す。これで「多様な視点を自由に出し合って、一緒に話をしましょう」という雰囲気をつくりあげることができます。

人の意見をジャッジするのは危険・注意

フレーズ 22

雑な人だと思われたくない

そんな時のひと言

○のひと言

ここまでの進め方でいかがでしょうか?

×のひと言

どんどん進めていきますね。では、次に行きましょう。

アメリカの心理学者エドガー・シャインは、
「私たちは3つのことを自分に言い聞かせなければならない」として、
①自分から一方的に話すのを控える
②「謙虚に問いかける」という姿勢を学び、相手にもっと質問するように心がける
③傾聴し、相手を認める努力をする
を挙げています。*

謙虚に問い掛けると、みんなに力を与えられるということです。

話が進んでいくと、ふと不安になることがあります。
「だいぶ進行しちゃったけど、このままで大丈夫なのかな？」と。
それとは反対に、「ここまで進んだんだから大丈夫！」と安心してしまうのか、「段

*『問いかける技術――確かな人間関係と優れた組織をつくる』（エドガー・H・シャイン、金井壽宏監訳、原賀真紀子訳、英治出版）

取りどおりに最後まで押し通そう」と、我が道をばく進するタイプもいます。そんな人がつい口にするのが、このひと言。

×「どんどん進めていきますね」

自信があろうとなかろうと、突き進むのは危険です。まめに小休止を取りましょう。

○「ここまでの進め方でいかがでしょうか？」

進め方について確認されると、参加者はホッと息をつけます。そして**「こちらの意向も汲んでくれる」という安心感を抱く**のです。また、参加者を大事にしている、理解しようとしているという気持ちも伝わります。

そのうえ進め方について自分事で考えるので、主体的にもなれます。まさに「参加者の不安が消え、主体的になり、さらにあなたが信頼される」という、一石三鳥になるひと言です。

参加者を大事にしている、理解しようとしている、という気持ちも伝わります。

問い掛けで「大切にされている」と感じてもらおう

ここまでの進め方でいかがでしょうか？
あ〜大事にされてるぅ〜

フレーズ
23

「この人はアタマがいい」と思われたい

そんな時のひと言

◎のひと言

ここまでの議論のポイントをまとめます。ひとつ目は……

○のひと言

ここまでの議論のポイントは3つあります。ひとつ目は……

×のひと言

貴重なご意見をたくさんいただきましたので、まとめます。

この章の冒頭で、「話しやすい人」のポイントを3つ挙げました。

①好感をもってもらう
②頭がいいと思ってもらう
③味方だと思ってもらう

ここまで、好感をベースに味方だと思ってもらうために、さまざまな「共感のひと言」を紹介してきましたが、そろそろ「頭がいい」と思ってもらうひと言を取り上げましょう。

「頭がいいと思われたいなんて、薄っぺらい……」

反発する人がいるかもしれませんが、立場をスイッチしたらどうでしょう？
「頭が悪そうな人」と「頭が良さそうな人」がいたら、間違いなく後者を望むはずです。

また、**「別に頭が良いと思われなくていい」**と言う人でも、**「頭悪いな、この人」**と

がっかりされるのはイヤなもの。では、どうすればいいか見ていきましょう。

×「貴重なご意見をたくさんいただきましたので、まとめます」

なぜ、このひと言が×なのかといえば、めちゃくちゃ難易度が高いからです。会議のテーマにもよりますが、「まとめる」ことはかなりの知的労働。しかもライブですから、自分ではまとめたつもりでも、参加者にとっては「えっ、まとめるって言ったのに、ダラダラ長くて意味がわからない」と、逆効果になるリスクもあります。自信がある人、慣れている人以外は、避けたほうがいいひと言です。

「頭がいい人」の定義は人それぞれだと思います。ここで取り上げる「頭が良さそうな人」は、多くの意見を体系立てて整理し、矛盾なく説明することのできる「ロジカルに考えられる人」を指します。

○「ここまでの議論のポイントを申し上げると、3つあります。ひとつ目は……」

ポイント＋数でまとめるやり方は定番中の定番ですが、効果があるからこそ定番になっています。

ただし、「ポイントが3つあります。1つは……」と話し出すと、「絶対に3つ言わなければいけない」というルールができてしまいます。2つで終わったり4つに増えたりしたら、「あれ、数が違うじゃないか」と、がっかりされてしまうでしょう。

そこで私自身も活用しているのは、このひと言。

◎「ここまでの議論のポイントをまとめます。ひとつ目は……」

最初は「まとめます」としか言っていないので、ポイントの数に増減があっても問題ありません。それでいて、「ひとつ目は……、ふたつ目は……」と挙げていくので、「論理的でわかりやすい印象」を与えます。

こうすれば「ポイントをいくつかに絞って、ロジカルにまとめている。賢い人だな」

と感じてもらえるでしょう。

一対一の打ち合わせで、相手が一気にまくし立てて困ったとき、会話をいったん止めて整理するのにも、このひと言は便利です。

「ここまでにうかがったことのポイントを確認させてください。一つ目は○○○、二つ目は△△△でしょうか？」

相手のマシンガントークを止めたいがゆえの〝整理〟ですが、相手は「ちゃんと聞いているし、整理もしている」と一目置いてくれます。

いずれにしろ、「数」は定番のひと言として活用できます。

「数」はやっぱり頭がいいと思ってもらえる

コラム 3

どんな相手にも好かれるあいづち

あいづちはいろいろあるが、コラム1(p108)、コラム2(p115)で紹介した「は行」「あ行」「家さ出たな」はどんな場面でも使えるし、困ったときにも役に立つ。

それだけでは物足りないという上級者は、「さ行」も用意しておこう。これはどんな相手にも好かれるあいづち。より良いコミュニケーションを目指すなら、マスターしておいて損はない。

「さ行」

さすが　知らなかった　すごい　センスいい　そうなんだ

フレーズ
24

答えるのが難しすぎる質問がきた

そんな時のひと言

○のひと言

その問いをもって
この時間を過ごしてみませんか？

×のひと言

難しいですね。
どうお答えしましょうかね。

質問が出てくると、自分が答えなくてはいけないと思いがちです。

しかし、**重要な問いほどすぐには答えが出ません。**

それでも「聞かれているのだから、無理矢理にでも答えを出さないと！」と思ってしまうものです。

×「結論的には、こうです」

しかし、答えの良し悪しにかかわらず誰かが何かしらの結論を言ってしまうと、ほかの人たちの「自分で考える姿勢」を損ないますし、意欲までそぐことになります。

また、その結論に対してメンバーが反発すれば、対立を招きかねません。そうなると勝つか負けるかの場になってしまいます。

とはいえ、はっきり返事をせずにはぐらかすようなことも避けたいところです。

×「難しいですね。どうお答えしましょうかね」

それよりも、「簡単に答えが出ない重要なこと」だからこそ、あえて答えず、相手を信じて委ねるほうが、信頼関係を築けるのではないでしょうか。

大切なのは答えを急ぐことではなく、問題意識をもって考えてもらうことです。そこで、私はこんなひと言をおすすめしています。

○「その問いをもってこの時間を過ごすと、気づきのギフトが多くなると思いますよ」

○「その問いをもって過ごしてみると発見が多そうですね」

「経験学習」の提唱者として知られるデイヴィッド・コルブは、人が経験を通して学習する際、４つのプロセスを繰り返すことが必要だと述べています。*

①具体的な経験

②内省的検討（考察）
③抽象的な思考
④積極的な行動

この4つのプロセスを味わうには、問いをもつことが不可欠です。

良い問いをもって生きることは、それだけ気づきの多い人生になります。
すぐに答えを出さなくてもよい安心感にもつながります。
私たちは安易に答えを出さない姿勢を身につけるべきなのかもしれません。

答えに詰まる問いは「ギフト」になる

＊『最強の経験学習』（デイヴィッド・コルブ、ケイ・ピーターソン著、中野眞由美訳、辰巳出版）

第4章

空気がよどんで
話が進まない
時間が足りない

ピリッと集中力が上がる
言葉

どよ〜ん…
時間がないのに！
あ〜でもない
こ〜でもない

時間の大切さはみんなわかっています。
最初から時間オーバーのつもりでいる人はいません。

それなのに、ついダラダラ話したり
沈黙のまま時を過ごしたり
集中力を欠いて議論が停滞したり。
脱線したまま、いつまでたっても
戻ってこない人までいます。
第4章では、どんよりとよどんだ空気を一掃し
気持ちよく時間を守れる「ひと言」を紹介します。

フレーズ
25

時間どおりに終わらせたい

そんな時のひと言

◎のひと言

どんなにたくさん意見が出ても大丈夫です。私たちは、必ず時間内にゴールに到達できます。

○のひと言

限られた時間を有効に使いましょう。

×のひと言

時間内に終わらせたいのでよろしくお願いします。

みんなが集まって何かを始めようというとき、「このひと時が永遠に続いてくれたら」と考えている人はほとんどゼロです。誰でも、願いは同じ。

「時間内に終わらせたい。なんなら早めに終わってほしい」

ところが実際に始まると、多くのミーティングはズルズル長引くようです。

あるいは、「時間厳守！」に意識が集中するあまり、十分に話し合えないこともあります。

×「時間内に終わらせたいので、よろしくお願いします」

このひと言は一見良さそうですが、「時間内に終えること」が参加者の目的になってしまうので、避けましょう。

時間と質は、両立させるのが当然のこと。

いくら時間どおりに終わっても、「みんなが納得しない」「何も決まっていない」のでは、ゴール前でリタイアしたのと同じです。1時間予定の会議が50分で終わったとしても、その50分は参加者全員にとって「ムダな時間」になってしまうでしょう。

そこで、時間の話をするときは忘れずに、質の話も加えることをおすすめします。

○「限られた時間を有効に使いましょう」

これだけでも、相手の心の中には、質を大切にする気持ちが芽生えます。

さらに、おすすめしたいのが、オープニングで大前提を宣言すること。

◎「どんなにたくさん意見が出ても大丈夫です。私たちは、必ず時間内にゴールに到達できます」

大事なのは「どんなにたくさん意見が出ても大丈夫」というところ。

「どうぞどうぞ、時間を気にせず、言いたいことは全部言っていいんですよ」

このように相手の都合を優先させることで、度量の広さを感じてもらえます。それだけでなく、とても安全・安心な雰囲気になって意見が出やすくなります。そうすると非効率な沈黙や様子見の時間がなくなり、むしろ効率も上がります。

多くの人は、時間と質をゼロサムで考えすぎです。

会社の場合、多くの会議や打ち合わせは「仕事だから」「出席しろと指示されたから」というもので、参加者は受け身の姿勢になりがちです。また、会議そのものにさほど価値を見いだしていないことも多いようです。そんなときに「時間内に終わらせる」だけでは、「そもそも会議に価値がないのだろう」という不信感の空気が漂います。

不信感はやがて依存心に変わり、最終的には被害者意識になります。

「ならば時間のムダだ、黙って聞いてればいい」

いくら良い内容でも、参加者に主体性がなければ意味がないのです。

そこで「どんなにたくさん意見が出ても大丈夫」というひと言を放つと、相手は「この場で大切なことは私たちの意見なんだ」と自分事としてとらえ、さらに「思う存分話していい」と安心し、参画意識が高まります。同時に、進行役の度量の広さも示せるので、味方になってもらえます。

限られた時間を有意義に過ごしたい。これは万人の願いです。ですから参加者を信じてハイクオリティを目指すと明言すると、みんな集中して時間を有効に使おうと考え始めるのです。**コスト・パフォーマンスとタイム・パフォーマンスは両立できます。**

時間と質は両立できる

フレーズ
26

最後に満足度を上げて締めくくりたい

そんな時のひと言

◎のひと言

あと10分の貴重な時間があるので私たち1人ずつ発言して終わりませんか？

○のひと言

あと10分ありますが早めに終わりましょう。

×のひと言

あと10分しかありません。最後に1人2分ずつ発言してください。

予定時間どおりに終わらせる〝任務〟を、自分ひとりで背負ってはいけません――ここに集中すると質が落ちてしまいます。にもかかわらず、会議や勉強会では、こんなひと言をつい口にしがちです。

×「あと10分で終了時間です。最後に1人2分ずつ発言してください」

これは「命令」にほかなりません。しかも細かく時間まで切っているので、相手の〝やらされ感〟は急上昇です。

やらされ感は百害あって一利なし、です。「やらされ感」が強まると、人はかえって反発したくなるのです。まるで、そろそろ宿題をやろうと思った矢先に、母親から「宿題はやったの？」と言われた子どものように。

逆に言うと、うまく気持ちをつかんでいれば、各人が**自らタイム・マネジメントをしてくれるはずです。**

○「あと10分ありますが、早めに終わりましょう」

発言を無理強いして**時間を浪費するくらいなら、早めに終わったほうがマシ**です。

◎「あと10分の貴重な時間があるので、私たち1人ずつ発言して終わりませんか？」

しかし、せっかくの10分です。有効に使いましょう。ポイントは、①「自分から」そして②「ひと言発言」です。

これをファシリテーターの世界では、チェックアウトと言います。人は率先して発言できると、すごくすっきりします。参加者は、時間内にすっきり終えられるのです。チェックアウトで得た満足感は、良い後味として記憶に残ります。

強制しない終わり方にしよう

フレーズ
27

なんだか話が中だるみしてきた

そんな時のひと言

○のひと言

この30分でAとBはできました。
ということは
残り30分もあれば、我々は結論を
出すところまでいきますね。

×のひと言

そろそろ時間がなくなってきましたね。

話が予定どおりに進んでいないことに気づいたときは、残りの時間内でタスクをすべて終えなければと、どんな人でも焦ります。

足を引っ張っているのは、進捗状況にかかわらず全員を襲う「中だるみ」です。

時間が過ぎていくのはわかっているけれど、疲れたから中だるみ。

いろいろがんばって決めたからと、ホッとして中だるみ。

あるいは、議論が紛糾して、身動きが取れずに固まってしまうことも……。

では、どのように仕切り直せばいいのでしょうか。

×「そろそろ時間がなくなってきましたね」

当たり前のことを口にして、「急ぎましょう、巻きでいきましょう」などと言っても、中だるみで伸び切った空気は簡単には動きません。

そうかと言って、「たるんでますよ！」と喝を入れたら……？　スポーツの強豪チームなどには上手に喝を入れる監督もいるようですが、通常は「やらされ感」や反発が増すばかり。そこでこのひと言を。

○「この30分でAとBはできました。ということは、残り30分もあれば、我々は結論を出すところまでいきますね」

参加者は軽い混乱状態にあって時間を忘れているかもしれませんし、ここまでの成果を自覚していないかもしれません。そこで、まずは時間と成果を伝えて冷静かつ客観的になってもらいましょう。

まねをするなら強豪チームの監督ではなく、**視聴者の集中力を高めるプロの技をもった実況中継のアナウンサー**です。

「ゴールまで折り返しというところで、得点は8対30。0対20が続いていましたが、8点入れて追いつく手掛かりを得ています。残り時間29分で……」

アナウンサーはこんなふうに今までの試合経過を振り返り、残り時間を正確に報じます。それを受けて解説者が、「それにはA選手がゴールを決めて……」などと作戦を考察します。この技を取り入れるとうまくいきます。

①ここまでできていること（進捗の認知）
②今の状況（現状の客観視）
③私たちのゴール（ゴールの再確認）

この3点をまとめるということです。
プロジェクトの進捗確認や、コーチングなどの場面でも応用できる3ステップです。
同じひと言でも、すべて問い掛けにすると自分事になってより効果的です。

◎「今の状況をどう思いますか？　この30分で何ができたでしょうか？　私たちのゴールは何でしたか？　ゴールするには残り30分をどう使えばいいでしょうか？」

この言葉で、参加者は主体的に考えてくれます。心理学者のブリューマ・ゼイガルニクによれば、人の脳には「空白効果（ゼイガルニク効果）」と言って、わからない状態（空白）が続くと、早くその状態を解消しようと答えを探し続ける特性があります。問い掛けでこの効果を引き出そうというわけです。

希望をもって明るく楽しく伝えるとさらに効果的です。

「あと20分です。残り2件の検討事項もこのリズムで行けそうですね。」

このように残り時間を含めた実況中継をこまめに行うと、タイムキーピングができ、中だるみ対策にもなります。全員が笑顔で、時間内にゴールするための工夫です。

実況中継で楽しく時間効率アップ

フレーズ
28

予定調和な空気で終わりたくない

そんな時のひと言

○のひと言

今日はいい感じですね。
もうちょっと粘ってみませんか。

×のひと言

今日はこんなところですかね。

新たなアイデアを生み出すのは簡単ではありません。自由に、しっかり話し合っても「これだ！」という案が出ず、閉塞感が漂うこともめずらしくありません。

いくつか候補が並ぶけど、いまひとつパッとしない。刻々と迫る終了時間。そんなとき、「まとめよう」とだけ考える人は、愚かにもこう口走ります。

×「今日はこんなところですかね」

これはいわば〝白旗〟ですから、安易に口にしていい言葉ではありません。こうした言葉を繰り返すと、参加者のやる気がそがれていきます。これを私は「習慣的無力感」と呼んでいます。そんな空気は避けるべきです。

逆に、常に希望を口にすることで、「今日より明日が良くなる」といった「幸せの予感」が空気に根付いていきます。こちらは「習慣的効力感」と呼んでいます。

希望を口にすることを習慣づけている人ほど成功確率が高くなりそうだ、ということには多くのみなさんも同意するでしょう。**最後まで発想を広げるひと言で、希望とエネルギーを注入**しましょう。

○「今日はいい感じですね。もうちょっと粘ってみませんか」

追い詰められたギリギリの状態で良いアイデアが出ることはよくある話です。早々に安易な結論を出しそうになったときも、このひと言で希望をもって粘りましょう。

粘って最後まで発想を広げよう

フレーズ
29

脱線し続ける人をなんとかしたい

そんな時のひと言

〇のひと言

恐れ入りますが
いったん止めさせてもらっても
いいですか?
次回以降のテーマにつながる
重要なポイントでしたね。
ありがとうございました。

×のひと言

(なかなか止められずに、だらだらと話が続いた後に)
本題からずれてしまいましたね。

みんなが自由活発に発言する対話の場は最高の空気になっていますが、時に盛り上がりすぎて脱線することも。次から次へと発言が続くと、いつのまにかゴールとは関係のない方向に話がそれていきます。

特に、話し上手な人や職位が上の人が〝語りモード〟になったら大変です。脱線した電車は線路なき道を暴走し、独演会になることも。

×「本題からずれてしまいましたね」

引き戻すためにこう言えば、せっかく盛り上がっているムードに水を差してしまいます。そのうえ、発言者を敵にまわすことに。そこで誰かの発言の尻尾をつかまえ、こう口をはさみましょう。

○「恐れ入りますが、いったん止めさせてもらってもいいですか？　次回以降のテーマにつながる重要なポイントでしたね。ありがとうございました」

ここでのポイントは、場の空気を乱さずに中断するスキルです。

①「恐れ入りますが」と柔らかいクッションを差しはさむ
②「いったん止めさせてもらっていいですか？」と笑顔でソフトに伝える
③「次回以降の重要なテーマ」として発言を尊重しながら、軌道修正を行う

こうすれば、語りたい人の立場を守りつつ本題に戻れて、周囲の人たちも落ち着きます。つまり、ウィン-ウィンのひと言になるのです。

「中断は優しく、さわやかな笑顔で」——これを習慣化すると、場面転換も自由自在に行えるようになるでしょう。

脱線したら優しく中断

フレーズ
30

独りよがりな印象を避けたい

そんな時のひと言

○のひと言

ここまでの話は伝わっていますか？

△のひと言

ここまでの話は、わかりましたか？

×のひと言

ここまで大丈夫ですね。次いきます。

時間どおりに進めたくて段取りに気を取られすぎると、どうしても周囲への配慮が二の次になってしまいます。とはいえ、へたに様子をうかがうとかえって面倒なことになりそうで、つい、独りよがりで突き進んでしまいがち。たとえばこんな具合です。

×「ここまで大丈夫ですね。次いきます」

これでは、あまりにも事務的で参加者の心は離れていくばかりです。少なくとも、相手側に一歩踏み込んでこのように聞いてみましょう。

△「ここまでの話は、わかりましたか？」

これは参加者の意向を尊重する態度なので、突き進むよりはましです。しかし、**「わかりましたか？」「大丈夫ですか？」という言い方には相手を責めるニュアンス**があるので、あまりおすすめできません。それよりも、こんなひと言が役に立ちます。

○「ここまでの話は、伝わっていますか？」

こう言われると、尊重されていると満足してもらうだけでなく、相手はここまでの議論を**脳内で主体的に振り返ることができるので、参画意識が増していきます。**

私があるセミナーに参加したときのこと。講師の方から「伝わっていますか？」と繰り返されるうちに脳内で返事をするようになり、じかに交流している気持ちになれました。「空気がよどんで反応がない」ときにも使える、覚えておきたいひと言です。

相手を尊重する確認の仕方で、集中力を上げよう

第5章

けんか腰の荒れた空気が怖い

お互いの動揺を
静める言葉

まぁまぁ、落ち着いて
冷静ぶってるアナタがいや！
怖い…

第5章で取り上げるのは「険悪になる問題」です。
ようやく会話が活発になってきたというのに
今度は予想外の対立が起こりそうで
その雰囲気をずっと引きずり続けることも。

ケンカ腰の荒れた空気になってしまったら？
自分が〝口撃〟されたら？
困った事態を一瞬で変えるひと言を紹介します。

フレーズ

31

感情のスイッチが急に入ってしまう人が怖い

そんな時のひと言

〇のひと言

私たちは目指すものは同じです。

一人ひとりが本気で考えているからこそ、いろいろな意見が出ますね。

✕のひと言

まあまあ、冷静にいきましょう。

会話が白熱すると、口論に近い状況になることもあります。

主張が異なる人同士はかなり感情的になっていて、「一歩も譲れん！」という状態。このままでは、相手の話を聞こうともしなくなります。

そんなとき、どうすればいいのでしょうか？

×「まあまあ、感情的にならず、冷静にいきましょう」

取り繕う言葉をつい発しがちですが、何の役にも立ちません。最悪の場合、「いい加減なこと言ってごまかすな！」と火に油を注ぐことに。

対立が生じたらしっかりと向き合って、順番に解きほぐしていきましょう。

心理学者のアブラハム・マズローの「人の五大欲求」をご存じの方も多いと思います。

①生理的欲求
②安全の欲求
③社会的欲求（愛・所属の欲求）
④共感・承認の欲求
⑤自己実現の欲求

根源的な基本欲求は生理的なもので、次に安全の欲求です。飢えることなく安全に暮らしたい――しかし社会的動物である人間は、それだけでは満たされません。

そこで「社会的欲求（愛・所属の欲求）」が出てきます。

他人から愛されたいし、つながりをもちたいから、人は家庭を築き、組織に属します。今は家族の形も働き方も多様化していますが、緩いコミュニティやＳＮＳでも何かしらの「つながり」を求めているという点では同じです。

さて、**ケンカ腰になっている人に対しては、この「愛・所属の欲求」が満たされる**

えるのです。

ように対応しましょう。みんな同じ所にいて、同じゴールを目指している仲間だと伝

○「私たちは目指すものは同じですよね。一人ひとりが本気で考えているからこそ、いろいろな意見が出ますね」

この言葉には、4つ目の共感・承認欲求も含まれています。「あなたの意見はあなたの本気から出ているものだ」というメッセージが込められているからです。

「本気だからこそ熱い意見が出てくるし、対立することでいろんな角度から意見を検討できますね。軋轢《あつれき》が生じるのは健全なことです」

このようにしっかりと、「どちらの発言も素晴らしい」と努力をたたえ、「議論を進めるために必要なことだ」と意味付けします。

「ここまで真剣に意見を出してくださって、ありがとうございます」と、感謝の言葉を付け足してもいいでしょう。「おかげで相互理解が深まりましたね」と、意義のある話し合いだったと意味付けまで行えれば盤石《ばんじゃく》です。

対立モードだった人たちは、同じチームであったことを思い出しながら、困っているはずの進行役が感謝と意味付けまでしてくれたことに驚き、興奮を静めて好感を抱くはずです。

対立モードはチームになるチャンス

雨降って地固まる。「愛・所属の欲求」と「共感・承認の欲求」を言葉で伝えたら、そこで休憩をはさむのも賢いやり方。席替えもおすすめです。クールダウンしてすっきりすれば、対立モードが友好モードに変わることもよくあります。

フレーズ
32

意見の違いが大きすぎる

そんな時のひと言

○のひと言

1案と2案の
メリット、デメリットを
出していきましょう。

×のひと言

小林さんの意見と伊藤さんの意見
どちらがいいでしょう?

営業部長と開発部長、関東地区と関西地区というように、立場を代表する人の発言は対立しがちです。

それぞれの立場と、後ろに連なる人たちの存在が対立を悪化させます。いろいろな立場や責任など、背負っているものがあると、人は引くに引けなくなるものです。

×「小林さんの意見と伊藤さんの意見、どちらがいいでしょう？」

異なる意見を検討するとき、発言者の名前を付けてしまうのはよくあるうっかりミス。これをやってしまうと、「小林さん対伊藤さん」という対立構造をつくり出す原因になります。

意見に自分の名前が付くと、「引けなくなる」のが人間心理です。事態を悪化させる地雷ワードですから、口にしてはいけません。

異なる意見を冷静に比較するには、発言者と意見を分けて検討するのがいちばんです。部門の代表者はもとより、肩書のない個人同士であっても、このやり方は有効です。

○「1案と2案のメリット、デメリットを出していきましょう」

「小林さんの意見と伊藤さんの意見」「営業部の意見と開発部の意見」などと、発言者と意見はいっさい紐付けしない。

「1案と2案」「a案とb案」のように抽象化するのです。

そのうえで意見の中身だけを比較すると、格段に冷静かつ客観的に意見を検討できるようになります。

- 「検討しましょう」
- 「見ていきましょう」
- 「考えてみましょう」
- 「感じることを出してみましょう」

こうしたニュートラルな言葉をいくつか用意しておくと便利です。比較検討する際、それぞれの案の特徴を簡潔に表現して名前にすれば、なおいいでしょう。

「新製品を開発する案、売れ筋に力を入れる案、この2つの意見が出ていますね」

これで発言者からかなり離れますし、どんな案か明確になります。意見だけをホワイトボードに書き出すと、もっと冷静に考えられるようになります。

「人と意見」を分けると対立を避けられる

フレーズ
33

カオスな状態をなんとかしたい

そんな時のひと言

○のひと言

このテーマが重要だからこそ
いろいろな意見が出るんですよね。

×のひと言

ちょっと混乱状態ですね。困りましたね。

荒れて、もめて、みんなが好き勝手なことを言い出した……！

これは実際、「あーあ」と嘆きたくなる困った事態ですが、白旗を上げたらそこで話し合いは終了してしまいます。

×「ちょっと混乱状態ですね。困りましたね」

こんなホンネを口にしたら、「お前が困ってどうするんだ」とみんなを失望させるだけです。そんなピンチでもなんとか立て直せるのが「リフレーミング」というテクニック。

○「このテーマが重要だからこそ、いろいろな意見が出るんですよね」
○「今日のメンバーは真剣だからこそ、いろいろな意見が出るんですよね」

キーワードは「〜だからこそ」。この言葉で枠組みを変えていきます。

〜は問題点やトラブルのような「影」を指し、それを「光」に転換します。「影が濃いのは光が強いからこそ」という考え方です。

- 「あの人がせっかち（影）なのは、決断が早い（光）からだ」
- 「あの人は仕事が遅い（影）けれど、それは深く考えている（光）からだ」

混乱状態になると誰もが途方に暮れてしまい、思考が停止します。

その心理状態をリセットするには、落としどころを強引につくろうとしたり、逃げようとしたりするのではなく、現状を正しくとらえ直す必要があります。

「それだけでいいの!?」と思うでしょうね。なんと、それだけでいいんです。

この手法をカウンセリングなどの心理学の専門家たちはリフレーミングと呼びます。**リフレーミング、つまりとらえ直しをすると、光が差し込み、場の空気が明るくなります**。そのことで急転直下、思考が動き出して混乱状態が収拾に向かうのです。やってみればわかります。

上司に「よし、それでいこう！」と決断の言葉をもらって会議を終了したいのに、いつまでもグズグズしてはっきり言わない。「さっさと言えよ」と言いたくても言えないような場合にも、リフレーミングは使えます。

リフレーミングのいいところは、発想を切り替えられることです。ケンカ腰の荒れた空気以外にも使えるので、ぜひ試してみてください。

リフレーミングでなんでも明るくしてしまおう

コラム
4

Yes andの人になろう

私はファシリテーション塾で、「ファシリテーターの役割は、いろいろな人のいろいろな意見を引き出し、重ね、ひとつの合意として創り上げていくこと」と教えている。目標や真意をすり合わせながら、対案を出し合っていくことでもある。

意見を重ねていく際に、重要な原則がある——それが、Yes and。

Noと拒絶せず、Yesと受容するのは当然として、意見を重ねていく際、Yes butになっていないか注意しよう。

Yes

ひと言：「あなたの意見は貴重です」(ほか多数)

意味：相手の意見の尊重・受容
……ここまで完璧でも、接続詞ひとつでまったく違う意味になる。

but
ひと言：「でも、私は反対です」（ほか多数）
接続詞：だけど・しかし・でもね
非言語メッセージ：あなたは間違っている、あなたの意見には価値がない
相手に起こる感情：不信、嫌悪、警戒、反発
生まれる空気：対立的な空気

and
ひと言：「私はこう考えています。一緒にがんばっていきましょう」（ほか多数）
接続詞：だとしたら・ならば・さらに言うと
非言語メッセージ：あなたを尊重する、あなたを理解する
相手に起こる感情：肯定、喜び、共感（表現調整）、好意

生まれる空気：建設的な空気

最初の受容は重要だが、接続詞がａｎｄかｂｕｔかで、相手にはまったく異なる非言語メッセージが伝わってしまう。つまり、その後に続く「ひと言」を言う前に、印象が決まってしまうのだ。

たかが接続詞、されど接続詞。日常生活でＹｅｓ ａｎｄを練習しておくといい。

テレビの討論番組を見ているときなどでも練習できる。誰かの意見に反対でも「Ｙｅｓ」で答え、「ａｎｄ＝だとしたら・ならば・さらに言うと」と続ける。その後、議論に貢献するポジティブな意見を重ねてみよう。

フレーズ
34

厳しい口撃を避けたい

そんな時のひと言

〇のひと言

言いにくいことをご指摘いただき
ありがとうございます。

×のひと言

いや、私が言いたかったのは……

ケンカ腰の荒れた空気の原因は、当事者同士の対立に限りません。
議論の当事者ではないのに標的になり、激しい言葉で〝口撃〟されることもあります。そして人は攻撃されると、無意識かつ瞬時に、3つの反応をしてしまいます。

- 逃避（言い訳をする）
- 反撃（相手やほかの人を責める）
- フリーズ（黙る、ニヤニヤする）

反応の言葉として代表的なのが、これです。

×「いや、私が言いたかったのは……」（言い訳という名の逃避）

あるいはこれ。

×「申し訳ありません」（謝罪という名の逃避）

×「違います！」（否定という名の反撃）

もしくはこれ。

×「えへへ」（ニヤニヤという名のフリーズ）

×（うつむいて）「……」（黙るという名のフリーズ）

これらはすべて、口撃されたときに自分の身を守るために出る反射的な言葉や態度です。

そうするのは人間として自然なことです。しかし、いずれの反応に対しても、相手は反撃だと受け止めます。すると、両者の呼吸は速くなり、交感神経が活性化され、気がついたら不毛な争いに拡大している、ということが多いのではないでしょうか。

たいていの相手は悪気がないので、**争いを未然に防ぐにはこちらが反応的でない言葉を準備しておけばいい**わけです。

○「言いにくいことをご指摘くださり、ありがとうございます」

これは一種の訓練で、口撃されたら反射的に口に出るくらいにしておくといいでしょう。**「パンチにキスをする」というイメージ**です。

ファーストコンタクトは何よりも重要。しかも打ち合わせや会議だけでなくさまざまなシチュエーションで使える金言です。

このひと言でお互いひと息つけるので、「口撃から不毛な舌戦が始まる」という事態は回避できます。

さらに、感謝や意味付けでコーティングすると、より効果的になります。

- 「今のご指摘には、大切なポイントがありますね」
- 「ホンネを出し合える場になり、おかげで意義深い対話ができそうです」

ファイティングポーズをとっていた相手は、パンチが「大切なポイント」と意味付けされ、それればかりか「おかげで」と感謝のキスまでされて、振り上げた拳を下ろすことでしょう。しかもその拳は、気がついたら自分の手とつながれているのです。

「あらためて、建設的なご意見をありがとうございます」

最後を「ありがとう」で締めれば、相手は一番の味方になるでしょう。これは社会心理学で言う「返報性の法則」で、こちらが感謝すれば、相手も感謝で返してくれるのです。

口撃パンチにはキスで応えよう

パンチにキス。私自身このひと言で何度も救われてきました。

フレーズ
35

トラブルだが、深刻になりたくない

そんな時のひと言

○のひと言

たしかにピンチですね。
落ち込む気持ちもわかります。
でも、それはちょうど
いいんじゃないですか。
なぜなら……

×のひと言

それはまずいですね……

たとえば新製品の発表会を任されたプロジェクトチームで、各メンバーが自分の担当業務について次々と報告していくとします。

すると、ある担当者が青ざめた顔でこう言います。

「記者発表の会場、予約するのを忘れていました……」

放っておけば、ミスをした担当者が袋叩きにあうかもしれません。進行役のあなたは、どのように介入すればいいのでしょうか？

致命的なミスですから、おそらくそこにいる全員が「さすがにこれはまずいだろ。なんでまた⁉」と思っています。あなたがその思いを代弁したら、「さあ、みんなで責任を追及しましょう」という合図になってしまいます。

×「大変なことになりましたね……」

×「それはまずいですね」

責めるのではなく、「いったい、どうするつもりですか」とミスした人に寄り添うつもりでこう言ったら、深刻さが増すだけです。

簡単な解決策も浮かばないこんなとき、私がおすすめするのは、まったく違う角度でステップを踏み、前向きな空気にしていくことです。

現状の受容

「たしかに大ピンチですね」

いきなり前向きになれる人はいません。最初のステップとして不可欠なことは「現状の受容」です。逃げてはダメです。どんなことも向き合わなければ真の明るさにはつながりません。

共感

「落ち込む気持ちもわかります」

次のステップで行うことは共感です。共感の言葉でミスをした人も、まわりの人たちも心が軽くなります。さあ、前向きになる準備ができました。

前向きな話への転換

「むしろ好都合なんじゃないですか。なぜなら、一緒に新しい会場を探すチャンスだから」

準備ができたら視点を転換させます。暗い空気になるのは、「失敗」という1つの視点に埋没しているからです。明るく新しい視点を示してあげるだけで、人は自分から前向きに考え出すのです。

○「ちょうどいいじゃないですか！　なぜなら……」

わざとらしくても、軽薄なくらい明るい調子で言うのがコツで、「ほかに抜けがないか、点検するきっかけになった」と切り替えます。

- 「おめでとう！」

●「面白くなってきた！」
●「ピンチはチャンス！」

とにかく、何があっても前向きに反応するぞと腹を決めて、理由がなくても面白がってしまう。その場合、「なぜなら……」に続く言葉が出てくるか、不安になるかもしれません。

でも、安心してください。前向きな言葉を口にすると、意外とアイデアが浮かぶものです。そのうえ、雰囲気が明るくなるので、アイデア自体はたいしたことなくても、みんなが受け入れて前向きに進んでくれるでしょう。

これは一対一のときでも効き目がある言葉です。

失敗した相手は、反省や後悔ばかりを口にするでしょう。

上司と部下の関係であれば、「怒られる」と思って萎縮するかもしれませんが、大切なのは早く手を打つことです。ミスしたときはリカバリーが大切であり、後悔や萎縮したままの状態でいる暇はありません。一刻も早く立ち直って行動するために、前向きな言葉で元気づけたいものです。

「いやあ、面白くなってきた。ここからが本番だね」

実はこの事例、私の若かりし日の失敗談に基づいています。記者発表の会場予約を忘れた私を、上司は個室に呼び出してこう言いました。

「おめでとう、すごい経験だよ！　なぜなら、我々の成長につながるからだ。もちろん大ピンチだからあらゆる手段を考えよう。でも、ひとつお願いがある。この体験を学び尽くしてほしい」

事故にあってしまって…
そ、そうなのかな？
むしろ好都合じゃないですか？
ピンチはチャンス！

最初に言われた「おめでとう」の言葉が、私にリカバリーする気力をくれました。

大ピンチのときを含めて、私たちはどんなときにも楽しむことで事態を打開できます。そしてそれがピンチから脱出するコツです。楽しむために「ひと言」から変えていきましょう。

面白がることで視点を変え、ピンチを脱出

第6章

困った人の対処法
空気を乱す

みんながチームになれる
言葉

それが本当にイヤで
あの人許せない
もう涙が止まりません
これ、どうする？

打ち合わせ、会議、面談、勉強会、懇親会や雑談…
どんな場所、どんな集団にも、
空気を乱す「困った人」はいます。

そんな人たちを排除せず
むしろ味方にしていくために
適切なひと言をかけていきましょう。
逆説的ですが、それはチームづくりにおいても
重要なノウハウとなります。

フレーズ
36

やっかいな人に おだやかに対応したい

そんな時のひと言

○のひと言

大学時代にラグビーをしていたんですね。

×のひと言

わかりました。そういうことなんですね。

「この人、ちょっと難しいな」
「なんだかこの人、やっかいだな」

印象や偏見で人を判断すべきではないとはいえ、反射的にそうなってしまうことも多々あります。しかも、苦手だと感じているのは自分だけでなく、グループのほとんどの人がそう思っていることも。

やっかいなことに、こちらのそうした思いは本人にも伝わり、ますます気難しくなったり、やたらと突っかかってきたり。

たびたび不穏な発言が続くと、ついこう言い放ってしまいます。

×「わかりました。そういうことなんですね」

言葉自体は悪くありませんが、往々にして「もうやめてほしい」「やっかいな人だな」というメッセージが伝わってしまうリスクがあります。そうなると相手は、自分をちゃんと認めてもらいたくて、なおさら話が止まらなくなります。

困った人には、心をほぐす対策を兼ねたひと言で応じてみましょう。相手の発言の中にポイントとなる言葉が入ってきたら、それを繰り返すのです。

たとえば「私は大学時代にラグビーをしていたから……」と困った人が話し出したら、その部分にフォーカスします。

○「大学時代にラグビーをしていたんですね」

わざわざ口にするのは、**「大学時代のラグビー」がその人にとって大切なことだから。**ここを繰り返すと、「きちんと聞いてくれているんだ。尊重されている」という気持ちになり、心がほぐれやすくなります。

会議での話題に、「大学時代」「ラグビー」など、自分が言ったキーワードがどんどんタグ付けされていくイメージですね。こうなれば悪い気はしませんから、積極的にかかわってくれるでしょう。

何がその人のキーワードなのか、どうやって判断すればいいのでしょうか。初対面の人ばかりのミーティングでは、自己紹介がヒントになります。1つや2つ、「これは大切にしていそうだ」という言葉が入っているはずです。

思い出や経験に関するものとは限りません。以下をヒントに、見つけていきましょう。

①特定の人物
「母」「会社の同僚の○○さん」「友人の○○さん」「長女」
②具体的な場所
「○○県に出張」「○○にあるホテル」「○○ビルにある理髪店」
③具体的な日時

「○月○日までに作らなければいけない資料」「今日の○時までに家に戻る」「来週の○曜日に病院に行く必要がある」

④相手から頻繁に出てくる話題

「体調が…」「忙しい」

基本は、**相手がその言葉を口にした直後に繰り返す**こと。覚えておかなくてもいいし、自然です。「これは相当に重要なキーワードだ」とわかれば、話の流れの合間をぬってその言葉をはさみ込んでもいいでしょう。

「繰り返すだけで？」と思うかもしれませんが、アロマテラピーのようにほんのりと効いてきます。

やっかいな人のキーワードに注目！

フレーズ
37

やたら口をはさんでくる人を止めたい

そんな時のひと言

○のひと言

ありがとうございます。
おかげでアイデアが浮かびました。

△のひと言

ご意見、ありがとうございます。

×のひと言

なるほど、なるほど、なるほどですね。

同じ人ばかりが話すのをなんとかしたい。

発言が特定の人に偏ることも、よくあります。

たとえば、最初から意見と質問を繰り返していく人。

矢継ぎ早にさまざまな観点を出してくる人。

積極的に話してくれる人は、ありがたい存在です。

しかし、度が過ぎるとほかの人が発言しにくくなったり、周囲の人が発言者に依存して考えなくなったりします。

この場合、「発言者には十分話したと満足してもらい、その人の独演会にならないようにする」策を考える必要があります。

黙らせよう、無視しようとすると、発言者は欲求不満をつのらせてなおさら発言や脱線が増え、手に負えなくなります。

面倒くさがらずに相手の発言を尊重し、「ちゃんと聞いていますよ」というサインを出し続けることで、満足感をもってもらう。これが最良の対処法です。

×「なるほど、なるほど、なるほどですね」

あいづちは短期的には効果がありますが、ただあいづちを繰り返しているばかりでは、やがて発言者だけでなく、ほかの参加者も不満がつのり始めます。

そこで、あいづちと同時に「発言する積極性を賞賛して、ほかの人の発言を喚起する」ことも重要です。

発言することがいかに全体に役立つか。そのことを実感できれば、ほかの人も発言したくなります。

△「ご意見、ありがとうございます」

まずは、意見を言ってくれたことに対して感謝の気持ちを伝えます。これでも十分効果的ですが、ここは一人の発言を活かして場を活性化させるチャンスです。こう言ってみましょう。

○「ありがとうございます。おかげでアイデアが浮かびました」

これは**「感謝＋その人のおかげで出た成果」**で、成果の部分は「アイデアが浮かんだ」など、できるだけ具体的にします。

「今のお話のおかげで気づいたことをお伝えしますね」
「今の話で思い出したことがあるんですけどね」

あなたのおかげで成果が出ました、状況が良くなりました、と貢献を認める。これで発言は、強く肯定されたことになります。

ネガティブな発言への対処法も、基本は同じです。

「あえてホンネを言ってくださったことに感謝します」
「勇気をもって、言いにくいことを言ってくれたんですね！」

活発な場にしたければ、発言したことを絶対に後悔させてはいけません。

「自分のせいで良い結論になった」と思えれば、ヒーローになったかのように誇らしく思ってくれるはずです。そのうえ、発言という行為が宝物のように扱われるので、ほかの人も発言したくなるのです。

「感謝＋その人のおかげの成果」と感謝のサンドイッチにしてみましょう。

口をはさみたがる人には感謝のサンドイッチ

フレーズ
38

どうにも間の悪い人にイライラする

そんな時のひと言

○のひと言

ありがとうございます。
大事なポイントなので、
ここでおさらいしておきましょう。

×のひと言

それは先ほどお伝えしましたね……

「えっ、このタイミングで？」と、間の悪い人だと思われるような発言をするタイプがいます。

たとえば、相当に忙しいプロジェクトの打ち合わせをしているとします。納期が迫っているうえに難易度も高く、大急ぎで役割分担を決めます。同時に、こまごまとした手順についてリーダーが矢継ぎ早に説明していきます。

やっとスケジュールとタスクが確定し、さあ、会議を終えて1秒でも早く動き出そうというとき、声が掛かります。

「あの～、このプロジェクトの目的は何ですか？」

「何をいまさら」とか「この忙しいときに」という空気が流れ、みんな沈黙……。

質問した人は、本当に聞いていなかったり、忘れてしまっただけかもしれません。

進行役の人も、リズムが崩れたり、予定が狂ったりするため、とっさに強い反応をしがちです。

×「それは先ほどお伝えしましたね」

しかし、こんな対応では自分の度量の狭さを示すようなものです。発言者を戸惑わせるだけでなく、**チーム全員でいじめているような雰囲気**にしてしまいます。

まずい対応には、以下のようなものがあります。

- 間髪を入れずにさっさと答え、時間のロスをミニマムにする
- 質問者にいらだちをぶつけて反撃する
- 答えをはぐらかしたり、嘲笑したりする

質問する側にとっても、悪いと思いながらも、勇気を出して質問していることが多いのです。そのためにずいぶんエネルギーも使っています。

こんなときに、みんなをウィン－ウィンにするひと言を覚えておくと、空気が滞らずにすみます。

○「ありがとうございます。大事なポイントなので、ここでおさらいしておきましょう」

進行役の対応ひとつで、質問した人も含めてチーム全員のウィン－ウィンが実現します。全員が「大事にされている感」を得て、チームワークも良くなります。そうなればその後のスピード感が違ってきます。**間の悪い質問へのちょっとした気づかいが、実はスピードアップに役立つ**のです。

間の悪い質問でも、その人にとっては大事なこと

フレーズ
39

クレーマーとしか思えない人がいる

そんな時のひと言

○のひと言

（相手の言っていることを繰り返し……）

それはお困りですよね。

×のひと言

申し訳ございません。

私としましては……

ホテルなどのクレーム対応マニュアルには、お客様が「そうなんだよ」と言いたくなるように対話する、と書かれていることがあります。クレームを言ってくる相手に対して、こちらの言い分で対応するのはよくない、相手の主張に共感してみせよう、ということです。

クレームが生じるのは顧客と企業の間だけではありません。打ち合わせや会議の最中に、「あなたがみんなの意見を聞きすぎて、会議がテキパキと進まない気がする。時間内に結論が出るか不安だ」との声が出ることもあるでしょう。

あるいは、「あなたはみんなの意見を平等に取り扱っているつもりかもしれないが、この問題の深刻さがわかっていない！」と、クレーマーのように食ってかかる人もいます。

たとえ**相手の勘違いや誤解であっても、どちらが正しいかの話に最初から持ち込んではいけません。**

×「こちらといたしましては……」

必死に自分の正当性を主張したり、非がないと説明したりすることは、相手との対立を浮き上がらせるので、相手の不満の火に油を注ぐことになります。

かといって、「お詫びして訂正します」と、すぐに対応して場を収めようとしても、相手の感情が収まらないので雰囲気はよくなりません。

まずは相手がクレームをつける理由を客観的に分析して、クールダウンしましょう。

○「私がみんなの意見を聞きすぎて、時間どおりにテキパキ進まないことが不安なんですね」

相手の主張を正しく繰り返し、できる限り共感します。どういう状況で、どんな問題が起きて、それがどれだけ相手を困らせているのか、相手の立場に立って整理する。

自分の感情や考えはさまず、写真を撮るように淡々と記録するイメージです。

そして、相手がこの言葉を口にすれば、相手がクールダウンして対話ができる状態まで落ち着いたと言えます。

「そうなんだよ」

こう言ってもらえるよう一所懸命に、誠実に状況をひもといていけば、相手も「ああ、こういうことだよ」と教えてくれます。

さらに歩み寄ってきて、「いや、別にそこまで否定しているわけじゃない」と、協力的になってくれたりもします。

人間はわかってもらえれば落ち着いてきます。そうすれば前向きになり、この場に貢献したくなる——私はそう信じています。

クレームを言うほど熱意のある人は、それだけ真剣で、チームにとって重要な人だと私は考えています。

クレーマーの「そうなんだよ」を引き出そう

フレーズ
40

謙虚すぎてほめ言葉を受け取ってもらえない

そんな時のひと言

○のひと言

私はあなたのおかげで
助かりました。

×のひと言

あなたは素晴らしく優秀です。

謙遜しているのか照れなのか、ほめ言葉を受け取ってくれない人がいます。「すごいですね」と言われたら、「いえいえ、私なんか」と答えるのが定番。そういう人が多いようで、コミュニケーション・スキルの本には、「ほめられたら、ありがとうと返しましょう」とほめられたときの心得が書いてあります。

しかし、ほめ言葉をストレートに受け取ってもらえないのは、謙遜や照れという「相手側の問題」だけが理由でしょうか？　私の長年の考察では、ほめ言葉を口にする側にも問題があるようです。

×「あなたは素晴らしく優秀です」

こう言われたら、どう感じるでしょうか？　うわべだけのリップサービスとか、上から目線の評価と感じる人もいます。へたをすると、警戒心をもたれることさえありえます。

もともと多くのコミュニケーションで、ほめ言葉は取引のために使われてきたことがあるかもしれません。つまり、「ほめる」ことと引きかえに何らかの「要求」を受け取ってもらおうという意図があるのではと勘ぐられてしまうのです。

特に「あなたは」というYOUメッセージでは、取引のために発言者が評価し、ほめていることが伝わる可能性が高まります。

ここでは評価ではなく、**謙虚に主観を伝える**ことが大切です。そのために「私は」というIメッセージをおすすめしています。

○「私はあなたのおかげで助かりました」

飾らない表現が重みをもって響き、評価ではない素直な気持ちが相手にスッと伝わります。これがIメッセージでシンプルに想いを伝えるポイントです。

ほかの例としては、「私は元気をもらった」「私は感動した」などの表現もあります。

「私は感動した」の有名な例は、２００１年の大相撲夏場所で横綱の貴乃花がケガに耐えて優勝したとき、内閣総理大臣杯を授与する際に当時の小泉純一郎元首相が口にした「感動した！」のコメントです。

ここには「私は」が入っていませんが、気持ちは十分に伝わります。

「私は」なら、ほめ言葉がうまく伝わる

フレーズ
41

相手がなぜ悩んでいるのかもわからない

そんな時のひと言

○のひと言

そう思うようになったきっかけを教えてもらえますか？

×のひと言

なぜ、そう思うんでしょう？

社会心理学者のクルト・レヴィンは、「オフサイト・ミーティング」の提唱者として知られています。会議室などの〝現場（サイト）〟を離れて、肩書きや役割にとらわれずに個として話し合うことで、組織が活性化し、チームワークが良くなるというものです。

最近では1on1ミーティングが同様の効果があるものとして重視され、多くの企業で取り入れられています。

悩んで行き詰まっているメンバーがいるとき、どのように話しかければいいのか、相手の行動を促したいときのひと言を紹介しましょう。

明らかに悩んでいる相手に対して、**いちばんの禁句は「Why」**です。

×「なぜ、そう思うんでしょう？」

なぜ悩んでいるのか、どうして元気がないのか、なぜやる気を出せないのか……。

「なぜ」という言葉を投げ掛けられた相手は、責められている気持ちになります。

「Whyは心を閉ざす質問」とよく言われるほどです。

そこで**「What」を使い、悩みの背景についてストーリーを語ってもらうように促します。**悩みの原因をロジカルに追及するのではなく、悩むに至るまでの物語を聞かせてもらう。自分のストーリーを語ることは、それだけで癒しになります。

また、ストーリーは感情移入をしやすいので、話す人と聞く人が同じ物語の中を生きている感覚になれます。安心・安全な空間になり、そこでは評価や判断ではなく共感が生まれるので、なおさら話しやすい空気になります。

ひと昔前であれば、終業後に居酒屋で「そう思うようになったきっかけを教えてくれる?」とたずねたり、社内であっても「ちょっとタバコ吸いに行こうか」と場所を変えて話したりという〝昭和のワザ〟が通用しました。しかし現在は、私たちが自分のストーリーを語れるひと時は、ほとんど得られない貴重な体験です。

ストーリーを語った後、自分がどうなっていたいかを確認します。負の連鎖から抜け出して前向きになり、「こんな仕事がしたい！」となれば理想のゴール。

「ちょっと気持ちが軽くなった」というのも立派なゴールです。悩みにとらわれているときは理想やゴールの状態を忘れているので、そこに意識を向けることで雰囲気が改善されます。

松下電器（パナソニック）創業者の松下幸之助さんは、プロジェクトの予算やスケジュールを確認した後、必ず「○○君はどうしたいんや？」と名前を呼んでゴールを尋ねたそうです。

また、リクルートには達成目標などを部下に言わせた後、「で、君はどうしたいんだ？」と最後に付け加える有名な文化があります。

いずれも「やらされ感」を「自分事」に前向きに変換するのに有効です。

悩んでいる人に「なぜ」と聞いてはいけない

コラム 5

あいづちにプラスのひと言

あいづちには、本書で紹介している「ひと言」を加えてほしい。どんなひと言を加えるかは場面によって異なるが、「感嘆・共感・代弁・感想」の言葉を加えると、相手の活力や笑顔、発想力を引き出すことができる。ただ言えばいいのではなく抑揚、つまり相手への伝わり方が大切なので、棒読みにならないように注意しよう。

あいづちに加える一言

①感嘆：あいづち＋「そうなんですか！」「凄いや！」など、元気に言う。
②共感：あいづち＋「辛かったですね……」「面白いですね～」など、じっくり言う。
③代弁：あいづち＋「ラッキーということですね」「それは冷や汗が出ますね」など、相手に合わせて言う。

フレーズ
42

自分自身が困った人になりそう

そんな時のひと言

○のひと言

昨夜はちょっと寝不足でして……。
弱音を吐いたら、
だんだん元気が出てきました。

×のひと言

大変ですが、がんばっていきましょう!

いつもパーフェクトで隙がない人などいません。

花粉症、子育てや介護の疲れ、人間関係の悩み。どうも調子がいまひとつで元気が出ないとき、その不調感は周囲にも伝わります。

問題なのは、自分のコンディションが明らかに悪いときは**自分自身が「困った人」になり、周囲の足を引っ張る可能性がある**ということです。

そんな状態のときに有効活用できるフレーズを紹介します。

×「大変ですが、がんばっていきましょう！」

カラ元気を出しても、虚しく響くだけ。それならいっそのこと、弱音を吐いてしまいましょう。

○「昨夜はちょっと寝不足でして……」

笑いながらポロッと言ってしまい、こう付け加えます。

○「弱音を吐いたら、だんだん元気が出てきました」

本当に弱ると、弱音を吐くことすらできないものです。**そうなる前に、自分から弱みをさらけ出して自分を立て直しましょう。**同時にこれは、心を開いても良いんだという雰囲気をつくることができ、共感を促すことにもつながります。

ときには弱音を吐いて自分を立て直す

フレーズ
43

提案に賛成できないけど、悪く思われたくない

そんな時のひと言

○のひと言

提案の根底にある
伊藤さんの想いが伝わってきました。

△のひと言

その提案、いいんだけど……

×のひと言

その提案はちょっと……

とても良い意見でも、最終的に採用できないことがあります。

Aさんの A案も素晴らしいし、Bさんの B案も素晴らしい。でも、1つに決めなければならず、B案に決定した――これはチームの合意によるもので、誰かの独断ではありません。

無事に結論が出せたら終了、となるはず。

しかし、実際はそこからのスタートであることが多いものです。なぜなら、結論を実行する当事者は私たち自身だからです。

B案を実現するために、チームは協力して前に進まなければなりません。その際、Aさんが「私は乗り気じゃない」と協力を拒む困った人にならないよう、合意した時点で納得してもらっておくことが必要です。

「コンセンサス・ビルディング」という言葉があります。「集団の合意形成」の意味で、社会的な合意やチームの合意を適切に築き上げていくための手法です。

政策や公共のルール、会社のプロジェクト、果ては結婚式の段取りから家族旅行の計画まで、コンセンサス・ビルディングはいろいろな分野で必要とされているもので、バラバラの意見をまとめて1つの合意に到達することを目指します。あらゆる会議や打ち合わせは、小さなコンセンサス・ビルディングとも言えます。

メソッドはいろいろあり、専門の本も出ていますが、私が信じている要点があります。

「コンセンサス・ビルディングに不可欠なのは相互理解だ」

「自分をわかってほしい」と願う人間にとって、相互理解はとても重要です。ここまでしばしば「共感」について述べてきましたが、それも**「わかっていますよサイン」**をまめに出しましょうという提案です。

そこで、熱く語ったのに提案が採用されなかった伊藤さんについて考えてみましょう。

×「とても良い提案でした」

これは伊藤さんの提案に対し、「良い・悪い」の評価をしています。そして、どんなに「良い提案だ」とほめたところで、「結局、採用されなかったじゃないか！」となってしまうことがわかります。

そこで、意見を離れて伊藤さんの想いにフォーカスします。

○「提案の根底にある、伊藤さんの想いが伝わってきました」

人間は、自らの意見を押し通したいのではなく、むしろ自分の想いに**共感してくれたチームのために尽くしたい**——そんな面があります。

だからこそ、提案を離れて伊藤さんの想いに心を添わせ、共感する。ここがしっかりできていれば、伊藤さんはチームの一員として力を発揮してくれるでしょう。「私の想いを汲んでくれた」と思ったそのとき、人の心は開きます。

会社員だった若い頃、私は年に一度の大きな会議のファシリテーターを務めていました。大きな会社だったのでグループ会社も相当な数にのぼります。各社の代表者を集めて本社の方針を伝え、彼らの意見を聞くという会議。

グループ会社の人たちから出るのは、意見というより苦情が大半でした。

ファシリテーターとはいえ私は本社側の人間なので、「グループ会社からの苦情に本社が弁明する」という、例年繰り返される会議の流れが苦痛でした。結局、お互いにモヤモヤして、解決策がないまま終わるのです。

ある年、私は、どんな意見も受け止めようと決めました。言い訳は口にせず、苦情も反対意見もすべて聞いていく、と。

「本社のシステムを変えろ！」という要求はのめないものばかりでしたが、「要求に対してはノーです。でも、要求の根底にあるあなたの想いは伝わっています」と示し続けたのです。

もちろん、本書で紹介してきたあらゆる手を打ったのですが、基本は「すべて聞く」。それだけです。

会議は数日続きましたが、時が経つほどに会場の雰囲気が良くなっていきました。私が「わかる」と示し続けたことで、相手も「わかろう」としてくれたのです。チームの一人ひとりに、相互理解が生まれていきました。

そしてグループ会社同士で考えるようになり、最後にはみんなで問題を解決する策が出てきました。最高のゴールです！

会議がすべて終わった後、同僚にこう聞かれました。

「中島さん、どんな魔法を使ったのですか？」

「いいえ何も。ただ、わかる〜！　ってうなずいていただけですよ」

相互理解はすべてを癒す——さまざまな方法やテクニックはありますが、すべて人間と人間のやりとりなのです。

わかっていますよサインが相互理解を生む

おわりに――人は言葉と共に生きています

あなたは「自分を励ます言葉」を持っているでしょうか？

かつて、私のメンターがこう言ってくれました。

「亡き母の『誇りをもって生きなさい』という言葉。艱難辛苦《かんなんしんく》の人生をここまで生きてこられたのは、この母の言葉があったから」

支える言葉、奮い立つ言葉、救われる言葉……。

長く生きていると、何かしらの言葉が自分に寄り添ってくれていることに気づくことがあります。

人は、言葉と共に生きているのかもしれません。

言葉には、思い出が乗ります。
そのときのざわめくような、くすぐったいような心や感情とともに。
もしかしたら、それがひと言のつくり出す空気の正体かもしれません。
本書でご紹介したひと言には、まぎれもなく私の思い出が乗っています。

言葉で会議の雰囲気を良くした思い出。
言葉で打ち合わせを台無しにした思い出。
チームワークが高まった思い出、嫌われてしまった思い出。
その時々の私の心や感情の動きの記憶。

思い出の数々は、私にとって人生そのものです。
その一つひとつが、みなさんのこれからの人生に役立つなら幸せです。

2023年11月

とうりょう　こと　中島　崇学《たかあき》

［著者］
中島崇学（なかじま・たかあき）
株式会社共創アカデミー代表取締役　ファシリテーション塾塾長　NPO法人はたらく場研究所代表理事
慶應義塾大学卒業後、NEC入社。人事、広報、組織改革など、社内外のコミュニケーション畑を歩む。特に組織改革では、社内ビジョン浸透のための「3,000人の対話集会」の企画実施をはじめ、全社規模での組織開発プログラムを実施。NEC在籍中より会社、家庭以外の「第3の居場所」の必要性を感じ、社外の仲間と活動開始。そのコミュニティが反響を呼び、NPO法人はたらく場研究所を設立。組織開発をテーマに、横断型勉強会を運営する。社内外の活動の循環が軌道に乗り、2019年独立。ライブ型ファシリテーションスタイルの研修が好評を博し、上場企業から官庁、自治体まで活動の幅を広げる。現在は株式会社共創アカデミーを設立し、研修のみならず、組織を越えて活躍できるリーダーを育成するためにファシリテーション・リーダーシッププログラムを提供。また、講師を養成し活躍の場も提供している。全国からクチコミのみで、多くの受講生が集まる。これまで養成・指導してきた人材は3万人を超える。米国CTI認定CPCC、米国CCEInc.認定GCDF。

一流ファシリテーターの
空気を変えるすごいひと言
――打ち合わせ、会議、面談、勉強会、雑談でも使える43のフレーズ

2023年12月5日　第1刷発行
2024年6月20日　第5刷発行

著　者――中島崇学
発行所――ダイヤモンド社
〒150-8409　東京都渋谷区神宮前6-12-17
https://www.diamond.co.jp/
電話／03･5778･7233（編集）　03･5778･7240（販売）

装丁＋本文デザイン――小口翔平＋後藤司（tobufune）
イラスト――草田みかん
執筆協力――青木由美子
編集協力――伊藤加奈子
製作進行――ダイヤモンド・グラフィック社
印刷――――新藤慶昌堂
製本――――ブックアート
編集担当――木山政行

ISBN 978-4-478-11355-4